rororo

ro
ro
ro

Stefanie Schulz
Daniel Quinlan

Crazy days – und noch mehr Drama

Eine deutsch-englische Geschichte

Rowohlt Taschenbuch Verlag

Für Frauke

Originalausgabe
Veröffentlicht im Rowohlt Taschenbuch Verlag,
Reinbek bei Hamburg, Januar 2009

Lektorat Christiane Steen
Umschlaggestaltung any.way, Barbara Hanke/Cordula Schmidt
Umschlagillustration Jürgen Riephoff
Satz Minion PostScript (InDesign)
bei Pinkuin Satz und Datentechnik, Berlin
Druck und Bindung Druckerei C. H. Beck, Nördlingen
Printed in Germany
ISBN 978 3 499 21496 7

Inhalt

Chapter One –
Snowboarden für Anfänger

Jana Fischer stand vor dem großen Spiegel im Flur und begutachtete ihr Spiegelbild. Die neue Winterjacke saß wie angegossen. Von der schwarzen Schneehose, die sie im Kleiderschrank ihres Vaters gefunden hatte, konnte man das allerdings nicht behaupten: Sie war so riesig, dass Jana fast in ihr versank. Da war die türkisfarbene Wollmütze, die Jana über ihre roten Locken gezogen hatte, schon mehr nach ihrem Geschmack. Jana krempelte die Beine der Schneehose auf und stopfte sie in ihre extrawarmen Winterstiefel. Schon besser.

Es war jetzt schon über ein Dreivierteljahr vergangen, seit Jana mit ihren Eltern aus dem winzigen Dorf Klein-Niederfelden in die USA gezogen war. Zuerst war Jana der Abschied von Deutschland schrecklich schwergefallen: Plötzlich in einem anderen Land zu leben, nichts und niemanden zu kennen und ständig eine fremde Sprache zu sprechen, das war wirklich alles andere als einfach. Und dann auch noch Tausende Kilometer entfernt von ihrer allerbesten Freundin Maike zu sein …

Zum Glück hatte Jana schon bald ihren Nachbarn, Jake Ramirez, kennengelernt. Mit ihm und seiner Schwester Katie ging sie in die 9. Klasse der Boulder Central High School. Und obwohl es am Anfang vor lauter Missverständnissen fast nicht geklappt hätte, war Jake kurz darauf ihr Freund geworden. Das Armband mit den türkisfarbenen Glitzersteinchen, das Jake Jana ganz am Anfang geschenkt hatte, trug Jana jeden Tag. Auch jetzt funkelte es unter ihrer Winterjacke hervor.

Der Urlaub im Schnee war Jakes Idee gewesen. Was Janas Geschmack betraf, war es hier in Boulder schon winterlich genug – es war schließlich schon März, und der Schnee türmte sich immer noch auf den Bürgersteigen! Doch Jake hatte so begeistert von den Ferien erzählt, die er in jedem Frühjahr mit seiner Familie hoch oben in den Rocky Mountains machte – vom Snowboarden, von dem gemütlichen Holzhaus, von den verschneiten Bergen –, dass Jana sofort Feuer und Flamme war, als Jakes Familie sie eingeladen hatte mitzukommen. Auf einem Snowboard hatte Jana allerdings noch nie gestanden. «You're a Colorado girl now», hatte Jake dazu nur gesagt. «You'll love snowboarding.»

Jana warf einen letzten prüfenden Blick in den Spiegel. Jetzt musste sie nur noch auf den Anruf aus Deutschland warten, dann stand ihrem Urlaub nichts mehr im Weg.

A few houses down the street, Jake Ramirez was also standing in front of a mirror. Like Jana, he was trying on his new winter clothes: he was wearing new blue snow pants, a sporty jacket with silver stripes, a silver helmet, gloves, and big boots. There was a brand new snowboard leaning on the wall next to the mirror. The snowboard was blue and silver. It looked very cool.

Only six more days, Jake thought as he looked at the snowboard, and I'll be carving down the highest mountains …

Jake loved sports. He was one of the best players on the school's basketball team. And, having lived in Colorado all his life, he also loved snowboarding. Every spring, the Ramirez family went on vacation to Marmot Pass, a town even higher up in the Rocky Mountains. Jake always spent the whole vacation on his snowboard.

This year, however, the trip was going to be different: Jana was coming along! Jake couldn't wait to show his girlfriend what a great snowboarder he was.

He was just taking off his warm jacket when he heard someone open the front door.

«I'm home!» he heard his sister shout. «*Helloooo!* Is anyone there?»

«I'm here,» Jake shouted back.

«Hey, Little Brother,» Katie greeted him happily.

«I'm not your little brother, Katie,» Jake answered, «remember, we are twins!»

«I do remember that,» Katie grinned. «But, *remember*, I was born 12½ minutes before you, so you *are* my little brother, Little Brother!»

Jake rolled his eyes. Katie didn't mind at all.

«Only one more day of school,» she continued happily. «Then we are on spring break! No school for ten days!»

«I know!» Jake answered while he looked at himself in the mirror again.

«Hey, why are you dressed like that?» Katie looked up and down his winter outfit. «We're not going to Marmot Pass for almost another week!»

«I know, I know,» Jake said. «I just wanted to ... you know ... try everything on.»

«Why?» she asked. Then she smiled. «*Oooooh*, I know why!» she said. «You want to make sure that you'll look good ... for Jana! You're *so cute*, Jake!»

Jake could feel his cheeks turn pink. Before he could say anything, Katie had already left the room.

«I think you can stop worrying about your snowboarding outfit, Little Bro,» she yelled, now from the other room. «I'm sure Jana will think you look *fantastic*!»

«Thanks, Katie,» Jake mumbled. He really hoped that his sister would be right.

«Jana! Telefon!», rief Janas Vater genau in dem Moment, als Jana die warmen Winterstiefel ausgezogen hatte. Das musste Maike sein! Mit diesem Anruf würde sich alles entscheiden. Wie durch einen Reflex griff sie nach dem türkisfarbenen Herzanhänger, der seit ihrer Abreise aus Klein-Niederfelden an ihrer Halskette hing. Er war Maikes Abschiedsgeschenk gewesen und erinnerte Jana jeden Tag an ihre allerbeste Freundin im alten Zuhause. Schnell spurtete sie die Stufen hinab. Mit der dicken Winterkleidung und den viel zu langen Hosenbeinen stürzte sie fast die Treppe herunter, so sehr beeilte sie sich.

«Maike?», rief Jana, noch während sie ihrem Vater das Telefon aus der Hand riss.

«Hi, Jana! Stell dir vor … es klappt!», hörte sie die aufgeregte Stimme ihrer besten Freundin. Janas Herz machte einen kleinen Sprung vor Freude. Schon seit drei Monaten hatte sie ihre beste Freundin nicht gesehen – und jetzt stand es fest: Maike kam nach Boulder! Zusammen würden die beiden mit Familie Ramirez in den Snowboardurlaub fahren. Es war fast zu schön, um wahr zu sein.

«Das ist ja total cool!», rief Jana und fiel ihrem Vater, der immer noch neben ihr stand, um den Hals. «Maike kommt! Maike kommt wirklich!», rief sie.

«Frag sie gleich mal, wann sie landet», sagte ihr Vater lächelnd, «damit wir sie wieder vom Flughafen abholen können!»

«Wann kommst du genau?», rief Jana aufgeregt in den Hörer.

«Nächste Woche Montag! Aber ich fange noch heute an, meinen Koffer zu packen!», antwortete Maike.

Heute war Donnerstag – nur noch vier Tage! Jana konnte es fast nicht glauben.

«Und wie lange kannst du bleiben?»

«Zehn Tage. Länger sind meine Osterferien leider nicht», sagte Maike lachend.

«Zehn Tage», wiederholte Jana begeistert. «Das heißt ja», sie zählte schnell im Kopf nach, «dass du an meinem Geburtstag auch noch hier bist!»

«Genau!», antwortete Maike.

«Dann feiern wir zusammen, aber richtig!» Jana war total begeistert.

«Ja, schließlich wirst du nur einmal sechzehn», lachte Maike.

Dann verabschiedeten sich die Freundinnen. Jana drückte ihrem Vater das Telefon in die Hand, juchzte und machte noch einen kleinen Luftsprung. Das wurden unter Garantie die tollsten Ferien aller Zeiten!

Kapitel Zwei –
A musical?!

The next morning on the school bus, Jana told Jake and Katie the exciting news that Maike would really be coming to visit. Jake was glad to see Jana so happy. He smiled to himself as he remembered all the trouble he had gone through because of Jana's best friend. He remembered how sad he had been at first because he had thought Maike was a boy – Jana's boyfriend in Germany. But he also remembered how happy he had been when he had met Maike three months ago, when he had found out that she was a girl. Maike really was a crazy German name!

Jana war erleichtert, dass auch die Zwillinge sich freuten, Maike zu Weihnachten wiederzusehen. Katie stellte wie immer begeistert Fragen über Fragen: Wie es Maike so ging, wollte sie wissen, ob sie schon einmal in den Bergen gewesen war und ob sie vielleicht sogar snowboarden konnte. Jana erzählte, dass sie eine ziemlich gute Snowboarderin war, weil sie oft mit ihren Eltern im Winter in die Alpen fuhr.

Katie wollte so viele Details über Maike erfahren, dass Jana beinahe ihren wichtigen Termin vor der ersten Stunde vergessen hätte: Zum letzten Mal vor den Frühlingsferien traf sich heute der Drama Club, die Theatergruppe, in der Jana seit ihrem Umzug nach Boulder mitspielte. Heute würde bekanntgegeben, welches Stück als Nächstes einstudiert wurde. Kaum zu glauben, dass Jana durch all die Aufregung an diesen wichtigen Termin gar nicht mehr gedacht hatte! Schnell verabschiedete sie sich von Katie, drückte Jake einen Kuss auf die Wange und lief vor den beiden ins Schulgebäude.

All the members of the drama club had gathered in the theater. They were talking excitedly, guessing what the new theater production would be. Jana was out of breath from running and sat down in an empty seat.

«Hi everybody,» Tom shouted at the same moment. Tom was the most important person in the drama club: he was the director. As he spoke, all the others fell silent.

«I have three announcements,» Tom continued in a loud voice. «First, I will reveal which play I have chosen for our next performance. I'm sure you are all very curious.» Tom looked around the room. Everybody nodded. «Second,» Tom continued importantly, «I will tell you who is shortlisted to play certain leading roles.»

Shortlisted?, dachte Jana bei sich. Was hieß das denn?

Hilfesuchend sah sie sich um, doch die anderen blickten immer noch aufmerksam zu Tom. Sie stupste das Mädchen neben sich an. «Can you tell me ...», flüsterte sie so leise wie möglich. Doch Tom hatte die Störung natürlich sofort bemerkt.

«Does our German friend have a problem?», fragte er laut in Janas Richtung.

Oh nein ..., dachte Jana und merkte, wie sie rot wurde. «Ähm ...» Dann versuchte sie es noch einmal mit ihrer Frage. «I don't know what shortlisted means.»

«Oh, of course, I'm so sorry, Jana», sagte Tom mit einem Lächeln, das Jana etwas wichtigtuerisch vorkam. «It means that I selected some students that I think should play the leading roles this time, based on their performances in our last play. But those students will still have to try out. Okay?»

Jana nickte. Eine Vorauswahl war das also. «Okay,» she said. «Thanks.»

«Well, I won't try to build up the excitement any further», fuhr Tom wieder an alle gewandt fort. «I've picked a play that you probably all know: *Romeo and Juliet* by the great William Shakespeare!»

Romeo und Julia! Janas Herz begann wild zu klopfen. Einmal die Julia zu spielen ... Das war schon immer ihr Traum gewesen. Sie würde alles dafür geben, die Rolle zu bekommen! Und gleich würde Tom verkünden, wer eine Chance hatte, eine der Hauptrollen zu spielen. Jana drückte ihren Anhänger und wünschte sich selbst Glück.

«Shh! Everyone! Please be quiet!», rief Tom, als seine Schauspieler anfingen, zu tuscheln und zu flüstern. «I have more news for you! The most interesting thing about this is: I have found a musical version of *Romeo and Juliet*. Trust me, it's fantastic! Everyone will sing!»

Singen? Jana schluckte. Wenn es etwas gab, das sie überhaupt nicht konnte, dann war es singen. Und das auch noch vor der ganzen Schule … Ihr wurde schon beim Gedanken daran ganz schwindelig. Vielleicht konnte sie doch ganz gut auf die Rolle der Julia verzichten …

Tom erklärte umständlich, dass sich alle, die in die Vorauswahl gekommen waren, über die Ferien auf ihre Rollen vorbereiten mussten – und sich dabei besonders auf das Singen konzentrieren sollten. Er hielt einen Stapel CDs hoch, auf denen die Songs für das Musical zu hören waren.

Nein, dachte Jana entschieden. Sie wollte in den Ferien schließlich zu einer superguten Snowboarderin werden – und nicht zur Sängerin!

«Who is shortlisted to play Romeo and Juliet?», rief einer der Zuhörenden ungeduldig.

«Okay, everyone listen up! The shortlist for Romeo is: Tyler Jacobs, Eric Lopez, and Rob Cortez!» Die drei Jungen sprangen auf und schlugen mit ihren Freunden ein.

«And for Juliet», fuhr Tom fort, «I've chosen Emily Grady, Summer Jackson, or … our lovely …», er zögerte, «Jana Fischer!»

Wie bitte? Hatte Jana da gerade ihren Namen gehört? Das konnte doch nicht wahr sein! Sie guckte entgeistert zu Tom, der ihr ermutigend zulächelte. Singen hin oder her – ein bisschen stolz war sie schon, dass Tom sie ausgesucht hatte. Und wenn der Regisseur dachte, dass sie gut für die Rolle wäre, vielleicht …

«Wait, everyone, there's more!», rief Tom wieder an alle gewandt. Er holte einen Stapel knallroter Zettel aus seiner Tasche. «Here's my third announcement for today! Since we already have shortlists for our two leads, the try-outs will be a little different this year.» Er begann, die Zettel zu verteilen. «There will be a real concert! I don't want to explain it all, but I have made some flyers, so read for yourselves.»

Wie bitte? Hieß das, dass sie in einem Konzert singen sollte, um die Rolle der Julia zu bekommen? Das normale Vorsprechen im letzten Jahr hatte sie schon peinlich genug gefunden – und da war kein einziger Zuschauer dabei gewesen! Jana griff nach einem der roten Zettel.

* B o u l d e r   C i t y   H i g h   S c h o o l *

Drama Club Casting

Who will be our Romeo?
Who will be our Juliet?

Come to our concert,
see our jury pick the winners!

WHEN? Monday after spring break, 4 o'clock
WHERE? The theater

Everybody's welcome! Bring your friends!

* B o u l d e r   C i t y   H i g h   S c h o o l *

Das war ja genauso verrückt wie diese ganzen Castingshows im Fernsehen! Dann fiel Jana noch etwas auf. Am Montag nach den Ferien war das Konzert? Genau an diesem Tag? Sie sollte ausgerechnet *ihren Geburtstag* singend auf einer Konzertbühne verbringen? Jana wusste wirklich nicht, ob sie lachen oder weinen sollte.

«That's sooooo great! You're playing Juliet!» Katie war vollkommen begeistert, als Jana ihr den Flyer unter die Nase hielt.

«I don't have the part yet, Katie! I'm only shortlisted», korrigierte Jana sie. «Nothing is decided yet. And also ...», wollte sie fortfahren, doch Katie fiel ihr ins Wort.

«Oh well, don't worry, I'm sure you'll get the part», sagte sie zuversichtlich wie immer. «I mean, I saw you in the play last year, and you were ...», Katie machte eine bedeutungsvolle Pause, «*fantastic*. Absolutely *amazing*.»

Jana lachte. «Thanks, Katie. But ... I don't even know if I want to be Juliet. I mean, it's a musical! And there is this concert instead of normal tryouts! I would have to sing ... in front of everybody!»

«You don't like musicals? And you don't like concerts?», fragte Katie überrascht. «I *love* musicals! And I *totally* love concerts, too!»

«I like musicals and concerts», lenkte Jana ein. «I'm just ... really bad at singing; really, really, really bad.»

«*Oooooh*, I don't believe you, Jana», antwortete Katie. «I'm sure you're not bad at all.»

«Yes, I am», beharrte Jana. «I'm bad at singing. In fact, I'm terrible at it.»

Katie war davon überhaupt nicht zu beeindrucken. «If you can walk, you can dance; if you can talk, you can sing!», sagte sie unbeirrt. «It's a saying. And *I* think it's *absolutely* true.»

Jana war sich da nicht so sicher. Andererseits gab es jetzt schon zwei Leute, die dachten, dass sie eine gute Julia wäre – in einem Musical.

«Do you know what the craziest part is?», fragte Jana als Nächstes. «The concert is on the Monday right after the break. That's my birthday. I really don't know if I want to be in a concert on my birthday.»

«Really? That's your birthday?», rief Katie so begeistert, dass sich einige Schüler neugierig umdrehten. «That's great! I mean, I *love* that! You'll be in a concert on your birthday!»

Bei so viel Begeisterung musste jetzt auch Jana lachen. Das Ganze war vollkommen verrückt – aber vielleicht, ganz vielleicht, hatte Katie ja recht.

Chapter Three –
Jakes Superidee

Four days later, Jana was getting very excited. Maike was coming today! The car with her best friend in it would be coming down the street at any moment now. Jana had not seen Maike for so long – now she felt like she simply couldn't wait another second. Of course, the two friends had chatted a lot on their computers, they had called each other on the phone and they had written countless e-mails – but finally seeing each other again was something different altogether.

Hin und wieder lugte sie durch die Vorhänge, doch das Auto war bisher nirgends zu sehen. Ihre Mutter war direkt vom Büro zum Flughafen gefahren, um Maike abzuholen. Jana war schon den ganzen Tag in so guter Stimmung gewesen, dass sie sogar – vollkommen freiwillig – ihr Zimmer aufgeräumt hatte, nur um sich zu beschäftigen. Sie war einfach zu aufgeregt, um stillzusitzen. Beim Aufräumen hatte Jana zuerst auf ihrem MP3-Player die Songs gehört, die sie für das Vorsingen nach den Ferien lernen musste. Manchmal hatte sie sogar leise mitgesummt. Als sie gerade den Staubsauger in ihr Zimmer schleppte, fiel ihr Blick in den großen Spiegel im Flur. Jana stellte den Staubsauger ab, richtete sich auf und versuchte, genauso selbstbewusst zu gucken, wie es die großen Stars immer bei ihren Konzerten taten. Dann machte sie ein paar Tanzschritte und sang so laut sie konnte mit. Trotz der Kopfhörer hörte Jana, dass ihre Stimme ziemlich schief und wackelig klang. Fürchterlich. Was Tom sich nur dabei gedacht hatte, sie für eine Musicalrolle vorzuschlagen? Das konnte ja wohl nur ein schlechter Scherz sein. Jana seufzte. Es würde ihr nichts anderes übrigbleiben, als zu üben. Viel zu üben.

It would be best, she decided, not to start with the difficult new Romeo and Juliet songs, but to practice with music that she already knew. Jana tried to think of a good song that she already knew all the words to. Something funny and easy, something that she could really sing along to. Jana thought hard, but of course, nothing came to her mind other than some silly German children's songs.

Jana lief grübelnd im Flur auf und ab. Dann lugte sie ins Schlafzimmer ihrer Eltern. Dort tronte auf der Kommode eine große Stereoanlage, die Janas Eltern aus Klein-Niederfelden mitgebracht hatten. Und daneben, auf dem Fußboden, stand ein hoher Ständer, in dem Dutzende von CDs steckten, die Janas Eltern rauf und runter gespielt hatten, als sie alle noch in Deutschland gewohnt und die Stereoanlage im Wohnzimmer gestanden hatte. Vielleicht ließ sich ja hier ein Song zum Üben finden!

Jana hatte schon fast die Hälfte der CDs durchgeschaut, doch noch nicht das passende Lied gefunden. Sie hatte sich nur über die merkwürdigen Frisuren und Klamotten der abgebildeten Stars amüsiert. Ihre Eltern hatten manchmal wirklich einen seltsamen Geschmack! Doch dann, endlich, zog sie eine CD aus dem Ständer, die ihr besser gefiel. *Die größten Partyhits*! Jana lächelte zufrieden. Genau nach so etwas hatte sie gesucht!

It took Jana a moment to figure out how the old stereo worked. But when the music started, Jana turned up the volume and ran back to the big mirror in the hallway. She grabbed a hairbrush from the bathroom on the way. She posed in front of the mirror like a pop singer, held the hairbrush like a microphone and started to sing.

Jana sang alle Lieder, die sie kannte, von Anfang bis Ende. Bei den Refrains hüpfte sie sogar ein bisschen im Takt der Musik im Flur herum. Nach einer Viertelstunde war sie ziemlich außer Puste und ließ sich erschöpft auf das Bett ihrer Eltern fallen. Das hatte wirklich Spaß gemacht. Und wenn sie so darüber nachdachte … eigentlich hatte ihre Stimme schon viel besser geklungen als beim ersten Versuch. Vielleicht, mit viel Übung und jeder Menge Mut, konnte sie sich doch noch Hoffnung auf ihre Traumrolle machen! Vielleicht würde sie doch noch die Julia spielen.

As Jana lay on her parents' bed, dreaming about her career as a famous musical star, she suddenly heard a car coming down the street. She peeked through the curtains and … Yes! Her mom was just parking on the driveway. And in the passenger seat sat Maike, her very best friend!

Jana ran to the front door and flung it open. When she saw

Jana, Maike jumped out of the car and the two girls hugged for a very long time.

«Willkommen zurück!» Jana shouted.

From his house, Jake saw Maike arrive, too.

«Katie, I'm going to Jana's house to say hello to Maike,» he said and put his head into his sister's room.

«Ooooh, so you're not jealous of Maike again?» Katie said jokingly as she turned around to her twin brother.

«Haha, very funny,» Jake blushed. He didn't like being reminded of this misunderstanding. «*You* thought Maike was a boy's name, too. *We both* thought that Maike was Jana's German boyfriend! So … you're not Mr. Smart Guy either!»

«Relax, little brother,» Katie said with a big smile. «I was only joking.»

«It's not funny!» Jake said. «And enough with the ‹Little Brother.›»

«Okay, okay, Little Br… I mean … Jake.» Katie tried to look very serious, but she was still smiling. Then she turned around on her chair. «Oh! And there's something else I wanted to tell you!»

Jake looked at his sister expectantly as she pulled a folded piece of red paper out of her pocket.

«What's that?» Jake asked and went over to her.

Katie handed Jake the piece of paper and he studied it with

great interest. It was a flyer for a casting – the drama club's casting!

«So …» Jake looked at Katie again, «Jana has to perform in a concert? In front of the whole school?» Jake asked, surprised.

«Exactly!» Katie answered.

«But,» Jake paused, «Jana doesn't like singing! She loves to act, but I don't think she has ever sung before! I can hardly imagine her wanting to sing.»

«You're so right, Jake.» Katie smiled. «She doesn't like the idea at all. She's scared, I think.»

«And …» Jake looked at the red flyer again. «The casting is on the Monday after the break! That's Jana's birthday! It's her *sweet sixteen*!»

«Yes, it's really a very special birthday.» Katie nodded. «Although Jana seems to feel differently about it.»

«Hmm …» Jake looked at his sister as he wondered. «But what should I do?»

«Oh Jake,» Katie said. «It's so easy! I mean, you are her *boyfriend*! Do something to cheer her up, to support her! I know she would *love* to be in the concert if she knew what big fans we all are!»

Jake looked at the flyer again. What was it that Katie had just said? That they were all Jana's fans? Suddenly, he had a *great* idea.

«I know!» Jake shouted. «I know what I can do! And I know someone who can help me!»

«Me?» Katie said with a big smile.

«No,» Jake answered.

«Oh,» Katie said.

«Maike, of course!» Jake told his sister.

«That's a good idea, actually,» Katie said. «After all, she is Jana's very best friend!»

«Exactly,» Jake nodded.

Very excited, Jake left Katie's room and went into the kitchen. He sat down at the table and picked up a pen. He turned the flyer over and wrote a note to Maike on the back side. He wasn't sure how to spell Maike's name, but other than that, he knew exactly what to write. Jana was going to love this!

When he was done, he folded the flyer twice and stuck it into the pocket of his jeans. Then he jumped up from the table and sprinted out of the house.

> ~~Mikey~~ ~~Myka~~ (sorry!)
>
> Maike,
>
> I want to surprise Jana at the casting because it's on her birthday – her sweet sixteen! I have a great idea!
>
> **Will you help me?**
>
> **Jake**
>
> P.S. Let's keep this a secret!

Kapitel Vier – **Best friends, bad jokes**

Obwohl sie sich bei Maikes Kurzbesuch zu Weihnachten nur ein bisschen kennenlernen konnten, verstanden Jake und Maike sich sofort wieder richtig gut. Und zu Janas Freude hatten sie mit dem Snowboarden auch gleich ein gemeinsames Gesprächsthema gefunden.

«We're leaving for Marmot Pass in two days», erzählte Jake den beiden Mädchen gerade. «Are you excited?»

«Yes!», sagte Maike. Und auch Jana nickte begeistert.

«We have a great cabin there», sagte Jake stolz.

«What's a cabin?» Maike guckte fragend.

«It's a kind of house», erklärte Jake.

«Ein Blockhaus», sagte Jana gleichzeitig.

«Ach so.» Maike nickte.

«Are you a good snowboarder?», erkundigte sich Jake als Nächstes bei Maike.

«I've been boarding since I was twelve», antwortete Maike. «I think I'm okay.»

«Wow, you must be really good then. Are you regular or goofy?», fragte Jake weiter.

Goofy? Hatte Jana richtig gehört, was ihr Freund da gerade gefragt hatte? Das musste wohl einer von Jakes Scherzen sein.

Immerhin redeten sie gerade übers Snowboarden und nicht über Disney World! Die arme Maike verstand sicher gerade gar nicht mehr, was Jake ihr sagen wollte.

«Hey, stop joking!», sagte Jana darum zu Jake. «Maike's English is very good, but you don't have to make stupid Mickey Mouse jokes, okay?»

Zu Janas großer Verwunderung fingen Jake und Maike beide laut an zu lachen.

«What?», fragte sie verwirrt. Und dann an Maike gewandt: «Was ist denn?»

«Er hat doch nur gefragt, wie ich Snowboard fahre. ‹Regular› bedeutet, mit dem linken Fuß vorne zu stehen, ‹goofy› mit rechts. Mit Mickey Mouse und dummen Witzen hat das gar nichts zu tun!», klärte Maike ihre Freundin grinsend auf. Sie schien es lustig zu finden, dass Jana auch nach so langer Zeit in Colorado immer noch solche Fehler passierten.

«Ach so», sagte Jana kleinlaut. Und zu Jake: «Sorry, I thought you were making a joke!»

«No problem», grinste Jake und gab Jana einen Kuss. «I'm goofy, by the way», fügte er in Maikes Richtung hinzu.

«Me, too!» Maike strahlte Jake an.

«Anyway … what does ‹goofy› mean if you are not talking about snowboarding?», fragte Jana, um das Thema zu wechseln. Schließlich konnte sie beim Snowboarden überhaupt nicht mitreden.

«‹Goofy› normally means something like ‹silly›», erklärte Jake.

«Oh, okay», nickte Jana. Das musste sie sich merken. Maike gähnte.

«You must be so tired, Maike», sagte Jake zu Maike. «The flight from Germany is so long!»

«I'm really tired», stimmte Maike zu und streckte sich.

«Well, I don't want to be in your way if you want to go to bed early», sagte Jake und stand auf. «I only wanted to say hello anyway.»

Er umarmte Jana fest und gab ihr noch einen Kuss. Blitzschnell steckte er genau in diesem Moment Maike den zusammengefalteten Flyer für das Theater-AG-Casting zu. Maike machte große Augen und schaute ihn verwundert an. Doch er bedeutete ihr, nichts zu sagen, und zwinkerte ihr zu. Maike nickte und steckte schnell den roten Zettel ein. Jana hatte von all dem nichts bemerkt.

Als Jake seine Freundin losgelassen hatte, wandte er sich zum Gehen. «What are you doing tomorrow?», fragte er und drehte sich noch einmal zu den beiden Mädchen um.

«I don't know», sagte Jana. «Wozu hast du Lust?», fragte sie Maike.

«Mmh ...» Maike überlegte. Sie blickte Jake immer noch fragend an. «Vielleicht können wir ein bisschen in der Stadt bummeln? Nur du und ich, so wie früher?»

Jana grinste. «We're going shopping», erklärte sie Jake.

Jake schien das für keinen besonders interessanten Vorschlag zu halten. «And in the evening?», fragte er. «I thought we could do something together. Maybe we could go bowling?»

«Good idea!», sagte Jana, bevor Maike antworten konnte. Jake was glad. He was hoping that he could talk to Maike one-on-one the next day. She was probably very surprised that he had secretly slipped her a note. But she would think differently once she had read it, he was sure. Hopefully, he would have a chance to talk to her without Jana when they were at the bowling center.

«Okay, I'll see you two tomorrow then!», rief er, zwinkerte Maike noch einmal zu und ließ die Tür hinter sich ins Schloss fallen.

Jana lächelte Maike an, die gerade wieder herzhaft gähnte. Sie sah so müde aus – und auch etwas durcheinander. Das lag wahrscheinlich am vielen Englischsprechen und dem Jetlag … Maike murmelte etwas von Schlafen und Zähneputzen und verschwand im Badezimmer. Dass sie auf dem Weg dorthin verstohlen Jakes roten Zettel aus ihrer Hosentasche zog, bemerkte Jana nicht.

Jana saß allein auf ihrem Sessel. Sie fühlte sich rundum glücklich und zufrieden. Es konnte doch nichts Besseres geben, als die ganzen Ferien mit ihrer besten Freundin *und* ihrem Freund vor sich zu haben!

Chapter Five –
Bowling oder … singen!

When Jana and Maike came home from their shopping trip the next afternoon, they were exhausted. They had walked around downtown Boulder for more than four hours. Jana didn't think that there had been a single store they had missed. The girls had looked at clothes and jewelry, shoes and make-up, sports gear and video games. They had bought so many things that they had barely managed to carry it all home. To rest during the shopping, they had stopped at three different coffee shops for cookies, icecream, and drinks.

Nun saßen die beiden Freundinnen auf dem großen, bequemen Sofa der Fischers und begannen damit, ihre Taschen und Tüten auszupacken. Maike fragte sich gerade, ob all ihre neuen Sachen und die Geschenke für ihre Familie überhaupt in ihren Koffer passen würden, als Jana aufschreckte.

«Maike, es ist schon 7 Uhr! Wir müssen uns beeilen. Jake und Katie kommen schon um 8 und holen uns zum Bowlen ab!», stöhnte sie. Sie hatte ganz und gar die Zeit vergessen! Liebend gerne hätte sie noch etwas auf der Couch gelegen und sich dann in aller Ruhe ausgehfertig gemacht. Doch nun musste es schnell gehen! Maike zuckte zusammen.

«Oh Mann, ich wäre fast eingeschlafen!», gähnte sie.

Jana merkte erst jetzt, dass Maike wirklich müde und kaputt aussah.

«Kein Wunder, in Klein-Niederfelden ist es ja auch schon 3 Uhr morgens!», sagte sie besorgt. «Meinst du, du schaffst es heute Abend noch, eine echte amerikanische Bowlingkugel hochzukriegen?», fügte sie scherzhaft hinzu.

«Aber sicher!», gähnte Maike wenig überzeugend. Aber dann fügte sie mit einem tapferen Lächeln hinzu: «Wir müssen doch diesen Amis zeigen, was in uns steckt!», und sprang vom Sofa auf.

Jana bemerkte Maikes überraschtes Gesicht, als sie das Bowlingcenter betraten. «Sie staunt sicher nicht schlecht!», dachte Jana und grinste. Es mussten immerhin mehr als dreißig Bahnen sein, die sich nebeneinanderreihten. Und fast alle von ihnen waren besetzt. Familien, Jugendliche, Kindergeburtstage, aber auch erwachsene Profis vergnügten sich hier.

«Have you ever been bowling before?» Katie asked Maike. Jana was happy to see that her two friends got on so well.

«Well, I have been … I don't know how to say this. In Germany, I have been *kegeln*», antwortete Maike und schaute hilfesuchend ihre Freundin Jana an.

«Kegeln is a German type of bowling,» Jana explained. «It's basically the same thing. Only that there are holes for your fingers in a bowling ball.»

«Oh okay, so let's go *kegeln* then!» She smiled at the two girls. «I just *love* German words, they're so much fun!»

Jana, Jake, Katie und Maike waren gerade dabei, eine freie Bahn zu suchen, als eine Lautsprecherdurchsage im Bowlingcenter ertönte:

«Ladies and gentlemen, boys and girls!» announced the voice of a woman. «It is 9 o'clock, so the Karaoke bar is now open. If you want to take a break from bowling, why don't you join our karaoke contest?»

The four friends looked at each other.

«That sounds like fun!» Jake said. «Do you wanna go and watch?»

«I'd love to!» Maike answered quickly. Katie smiled and nodded. Jana wasn't so sure. Karaoke … that reminded her of the drama club.

«Hey Maike, why don't you go up and sing?» Jake asked jokingly.

«Oh no, I can't sing at all,» she answered.

«It would be so much fun if one of us sang. Why don't you try, Jana? You have to practice for the musical anyway!» Jake suggested.

«Ha ha, very funny.» Jana scowled at her boyfriend.

«Hey, I have a *great* idea.» Katie interrupted. «We can play another game of bowling, and whoever loses has to go up on the stage and sing karaoke. How does that sound?»

«Deal!» Jake agreed.

«Okay, I'm in,» said Maike.

«Oh no …» Jana sighed.

«Ach komm, Jana, sei keine Spielverderberin», lachte Maike und knuffte ihre Freundin in die Seite. Auf einmal sah Maike gar nicht mehr müde aus, fand Jana. Ganz im Gegenteil, sie schien sogar jede Menge Spaß zu haben.

«Na gut, I agree. Dir zuliebe!», gab Jana schließlich nach.

«Cool! Let the games begin!» Jake shouted enthusiastically and headed towards an open bowling lane.

The ball swooshed down the lane and smashed into the pins. Jake hit a strike – again!

«You don't have to be worried, you won't have to sing karaoke,» Jana said to him as he came over and did a little celebration dance.

«Why are you taking this so seriously?» Jake asked her. He was a little worried about his girlfriend. She looked like she didn't think it was fun at all.

«This isn't the drama club, Jana! It's just us friends having a good time. No one is here to judge you!» he added. But Jana only gave him a doubtful look.

«Oh no – I lose!», rief Katie plötzlich und Jake wurde aus seinen Gedanken gerissen.

«I threw a gutter ball – that's three gutter balls in a row, actually!», erklärte sie und zeigte auf die Anzeige über der Bowlingbahn.

Jana blickte auf den Bildschirm. Katie hatte tatsächlich noch eine Pumpe geworfen. Sie hatte heute wirklich Pech! Aber Katie lachte schon wieder und schien ihre Niederlage nicht allzu schwer zu nehmen.

«That means you'll have to sing! Come on, Sis!», rief Jake grinsend und zog seine Schwester am Arm in Richtung der Karaokebar. Maike und Jana folgten den beiden lachend.

Die Stimmung in der Karaokebar war großartig. Die Leute standen Schlange, um alte und neue Hits, kitschige Balladen und uralte Rocksongs zu singen. Manche waren dabei richtig gut, andere einfach nur witzig. Doch alle hatten jede Menge Spaß.

Jake, Jana and Maike stood in the front row while Katie picked out the song she was going to sing. Jana couldn't wait. She was sure Katie was going to put on a fantastic show.

Als Katie endlich an der Reihe war, rief die Ansagerin: «Please put your hands together for Katie Ramirez!», und Katie sprang auf die Bühne. Noch bevor die ersten Töne der Musik erklangen, schnappte sie sich das Mikrophon und rief: «And let's also give a warm welcome onto the stage to my amazing friend from Germany, the best singer I know: Jana Fischer!»

Jana traute ihren Ohren nicht! Was hatte diese Verrückte da gerade gesagt?

But Katie had already appeared in front of Jana, grabbed her arm and tried to pull her up on the stage.

«Stop!» Jana screamed. «Are you crazy?»

«You have to help me! I picked a song for the two of us – a German song. You have to help me, Jana. You know I can't read German. I'm lost without you!» Katie shouted back.

Alle Scheinwerfer waren nun auf Jana und Katie gerichtet. Das ganze Publikum starrte sie gebannt an. Jana hatte keine Wahl: Sie ließ sich von Katie auf die Bühne ziehen und lächelte gezwungen ins Publikum. Im selben Moment startete die Musik. Jana warf einen Blick auf den Monitor und konnte nicht glauben, was sie dort las. Das war ja einer der Songs, den sie schon zu Hause geübt hatte! Von der alten Party-CD ihrer Eltern! Wie war Katie ausgerechnet auf dieses Lied gekommen? Doch sie hatte keine Zeit, sich über den Zufall zu wundern, schließlich musste sie singen.

She could hear Katie sing loudly beside her, even though her singing didn't sound like German at all. Schlimmer als das konnte Jana nun wirklich nicht klingen. Sie drehte sich zu Katie und lachte sie an. Katie put her arm around Jana and together they sang the next verse. Jana musste zugeben, das machte wirklich Spaß! Den Monitor mit dem deutschen Text brauchte sie nicht, denn sie kannte sowieso jedes Wort auswendig. Also ließ sie ihren Blick durch die jubelnde Menge schweifen.

The audience loved the unlikely duo on stage and cheered and clapped. The only person Jana couldn't see anywhere was Jake. She had wanted to blow him a little kiss. But where was he? Maike wasn't standing in the front row anymore either, Jana realized. Then suddenly she spotted them. They were standing a little beside the crowd, whispering to each other.

«Das kann doch nicht wahr sein!», dachte Jana. «Die gucken mir ja nicht mal zu!» Stattdessen tuschelten Jake und Maike angeregt miteinander. Jake machte dazu wilde Handbewegungen. Und Maike ließ gerade einen gefalteten roten Zettel in ihrer Hosentasche verschwinden. Jetzt lachte und nickte sie freudestrahlend. Die beiden schienen gar nichts von ihrer Umwelt mitzukriegen.

Was ging da vor sich? Was hatten Maike und Jake miteinander zu besprechen? Und was konnte das für ein Zettel gewesen sein? Irgendetwas war da faul!

Jana looked at Katie to see if she had noticed what was happening. But Katie was concentrating on the karaoke screen, happily singing words that sounded vaguely like German. When Jana looked at Jake and Maike again, they were suddenly standing right before her in the front row again. They were smiling at Jana as if nothing had happened. Jana smiled back – but her thoughts were racing.

Jana sang das Lied zu Ende und kletterte dann so schnell es ging von der Bühne. Maike und Jake waren begeistert von dem Auftritt der beiden Mädchen und betonten immer und immer wieder, wie lustig Katies Deutsch gewesen war und wie toll Janas Stimme geklungen hatte. Auf der Rückfahrt erzählte Katie aufgeregt, dass sie sich gefühlt hatte wie ein echter Star.

Jana hörte ihnen kaum zu. Sie versuchte, sich nichts anmerken zu lassen, doch sie war total verwirrt. Und wenn sie ehrlich war, auch ganz schön eifersüchtig. Fand Jake plötzlich Maike interessanter als sie? Und hatte Maike etwa Geheimnisse vor ihr? Was war das für ein Zettel, den Maike da so klammheimlich eingesteckt hatte? Jana konnte über nichts anderes mehr nachdenken.

«Alright you guys, I'll see you tomorrow then,» Katie said as they parted in front of the Fischers' house.

«Wir fahren ja schon morgen los zum Snowboarden ...», dachte Jana. Plötzlich war sogar ihre Vorfreude auf den Urlaub ein bisschen getrübt.

«I can't wait!», sagte Maike und winkte den Zwillingen zu. Katie und Jake winkten zurück. Doch gerade als Jana sich zum Gehen wenden wollte, nahm Jake ihre Hand und zog sie an sich heran.

«Hey, my sweet superstar! Sleep well, okay?», sagte er und küsste sie. «I think you did a great job on that stage tonight. You are such a great singer!»

Jana wurde rot. Sie war völlig überrascht, dass Jake plötzlich wieder so süß war. Und das auch noch vor den Augen von Katie – und Maike! Sie musste in der Karaokebar wohl doch etwas überreagiert haben. Oder vielleicht hatten die Scheinwerfer sie zu sehr geblendet ...

«Thanks. I'll see you tomorrow», murmelte sie und lief

schnell ins Haus. Sie schämte sich ein bisschen für ihren Eifersuchtsanfall. Das Getuschel zwischen Maike und Jake hatte sie sich sicher nur eingebildet.

«Manchmal bin ich wirklich eine dumme Zicke!», dachte sich Jana, als sie wenig später todmüde unter ihre Decke schlüpfte. «Aber damit ist jetzt Schluss! Morgen geht es in den Urlaub, und es wird der beste aller Zeiten!» Mit einem zufriedenen Lächeln schlief sie ein.

Kapitel Sechs –
A Spanish snowflake

Jana climbed out of the Ramirez' minivan after the long drive up to Marmot Pass the next day. She couldn't believe her eyes. She had been asleep for most of the drive and hadn't seen much of the world that sped by outside the car window. As she looked around now, she almost thought she had gone blind. All she could see was white, white, white! The sun was so bright and there was snow everywhere. The mountains before her were so big that she couldn't even see their peaks in the clear blue sky.

«Jake, this is so beautiful», sagte Jana begeistert, als auch Jake seine Autotür geöffnet hatte.

«Didn't I tell you?», antwortete er grinsend.

Jana war sprachlos bei dem Anblick der hohen, schneebedeckten Berge, der weißen Bäume und Häuser. Auch Maike, die neben Jana stand, hatte es anscheinend vor Bewunderung die Sprache verschlagen: Sie blickte staunend über die weiten weißen Bergketten und sagte kein Wort.

Die Anstrengung der langen Fahrt war wie weggeblasen. Jana konnte es nun kaum erwarten, ihre warmen Wintersachen anzuziehen, das Snowboard einzupacken, das Familie Ramirez ihr geliehen hatte, und die Gegend zu erkunden. Doch das ging wohl erst am nächsten Morgen: Es musste ja schon später Nachmittag sein.

Jake was very relieved to see his girlfriend so happy and excited. He had been afraid she might not like Marmot Pass, with its trees, lakes and mountains everywhere, and no shopping malls or movie theaters. He had been worried that Jana would find the town boring. But she didn't! Her eyes told him that she loved the Rocky Mountains just as much as he did.

Nachdem alle eine Weile den Blick auf die verschneiten Gipfel genossen hatten, begannen Mr. und Mrs. Ramirez, die Zwillinge, Jana und Maike, das Auto auszuladen. Beladen mit einer riesigen Reisetasche und einem Snowboard ging Jana zum ersten Mal auf das Blockhaus der Familie zu. Jakes Eltern hatten es schon vor Jahren gekauft – damals waren die Zwillinge noch nicht einmal auf der Welt gewesen. Seitdem waren die Ramirez jeden Frühling hergekommen, erst allein, dann mit ihren Kindern. Sie hatten dem Haus sogar einen eigenen Namen gegeben: *El Copo de Nieve*, das spanische Wort für Schneeflocke also. Katie und Jake nannten ihr Ferienhaus allerdings immer nur *El Copo*.

Jana had been so amazed by the nature around her that she hadn't noticed *El Copo* at all. The cabin looked rather small from the outside, but Jake had said there was enough room for five people inside. It had a red roof, but it was hardly visible under all the snow. The walls were made of brown pine logs and there were many windows, all with white curtains and red frames. The words «Welcome to El Copo de Nieve» were painted in large, red letters above the door. Das ist wirklich das niedlichste Haus, das ich je gesehen habe, Jana thought. She loved El Copo, the Snowflake, already!

Auch das Innere des Ferienhauses gefiel Jana auf Anhieb. Es gab eine geräumige Küche und ein kleines, gemütliches Wohnzimmer mit Kamin im Erdgeschoss. Der erste Stock war in drei Schlafzimmer aufgeteilt. Alle Räume waren liebevoll eingerichtet und dekoriert, überall lagen kuschelige Decken und bunte Kissen. Am besten gefiel Jana das Zimmer, das sie für den Urlaub mit Maike teilen würde. Dort standen ein riesiges Bett und ein uralter Holzschrank mit verschnörkelten Türen. Die Wände waren voller Fotos der Zwillinge: Jake und Katie als kleine Kinder beim Schlittenfahren und in warme Decken eingekuschelt vor dem Kamin. Natürlich gab es auch ein paar aktuelle Fotos von den beiden mit ihren Snowboards.

«Coole Fotos», sagte Maike, die hinter Jana ins Zimmer kam. Jana setzte sich auf das große Bett. «Und ein richtig cooles Ferienhaus», antwortete sie. Maike ließ sich neben ihr auf das Bett fallen und nickte. «Ich bin so froh, dass ich mit euch mitkommen konnte!»

Jana grinste ihre beste Freundin an. Sie war sehr erleichtert, dass alles so normal zwischen den beiden war. Maike schien ihren kleinen Eifersuchtsanfall im Bowlingcenter gar nicht bemerkt zu haben – ein Glück!

Chapter Seven – **Verrückte Probe**

Während Maike und Jana in ihrem Zimmer ihre Taschen auspackten, fiel Jana die CD in die Hände, die Tom ihr beim Treffen der Theater-AG in die Hand gedrückt hatte.

«Was ist da denn drauf?», fragte Maike.

«Das ist die CD mit den Liedern für das *Romeo-und-Julia-*Musical. Eins von diesen Lieder hier», Jana deutete auf die Liste der Songs, die auf der Rückseite aufgedruckt waren, «muss bis nach den Ferien sitzen. Das heißt, ich muss richtig üben!»

«Lass doch mal hören», schlug Maike vor. «Da oben auf dem Schrank steht doch ein CD-Player.» Das Gerät sah zwar nicht mehr besonders neu aus und war ziemlich verstaubt, doch es funktionierte.

«Ist doch gar nicht so schlecht, die Musik», sagte Maike nach ein paar Liedern. «Ich finde, du solltest das dritte nehmen, das, wo Julia sich total in Romeo verliebt.» Sie grinste. «Das passt doch!»

Jana guckte Maike fragend an.

«Na ja, du singst anstatt ‹Romeo› einfach ‹Jakey-o›!» Maike konnte gar nicht mehr aufhören, über ihren eigenen Witz zu lachen.

Jana warf ein Kissen nach ihrer Freundin.

Maike versuchte, wieder ernst zu werden. «Los», sagte sie, «ich helf dir beim Üben!»

Jake was unpacking his suitcase when he suddenly heard noises from the room next door. First it was only a beat, and then there was music, too. Then, he heard something that sounded like feet trampling on the floor. And voices. What were the crazy Germans doing in there? He closed his half-emptied suitcase and listened. Yes, it was definitely music. But there was also something else going on. He left his and Katie's bedroom and knocked on Maike and Jana's door. He wasn't sure if someone had answered because the music was so loud inside. He opened the door and poked his head into the room.

Jana was standing in the middle of the room. She was very concentrated, and a strange look of happiness was on her face. Jake knew right away: Jana was playing Juliet! And Juliet was in love!

«Romeo, oh Romeo,» Jana was singing as loud as she could. «I love you so!»

Then it happened. Jake couldn't believe his ears.

«Jakey-o, oh Jakey-o,» Maike started singing with a big grin on her face.

«Romeo, oh Romeo,» Jana tried to sing without laughing.

«Jakey-o, oh Jakey-o,» Maike sang louder, too.

Now, Jana had to laugh, too. Both girls stood in the middle of the room, shouting from the top of their lungs, almost collapsing with laughter.

«Jakey-o, oh Jakey-o, I love you so!»

Jake watched the girls with a big silly grin on his face.

Plötzlich sah Jana aus dem Augenwinkel eine Gestalt an der Tür. Sie fuhr herum. Da stand Jake, mit einem schiefen Grinsen und ziemlich roten Ohren.

«O nein!», kreischte sie und blieb wie erstarrt stehen.

Auch Maike blieb das Wort im Hals stecken.

«You two are so *crazy*!», sagte Jake kopfschüttelnd und zog die Tür zu.

Jana und Maike schauten sich an und prusteten los. Sie lachten so sehr, dass Maike bald die Tränen übers Gesicht liefen. Jana rollte auf dem Boden herum und hielt sich den Bauch, der ihr vor lauter Lachen schon richtig wehtat. Jedes Mal, wenn eine der beiden sich gerade wieder beruhigt hatte und die andere ansah, ging alles wieder von vorn los.

«Jakey-o, oh Jakey-o», prustete Maike.

«Mann, war das gerade peinlich», jammerte Jana und rang nach Luft.

«Eine Superprobe war das, würde ich sagen», grinste Maike, als sie sich etwas beruhigt hatten.

Jana nickte. Singen konnte sie jetzt zwar genauso schlecht

wie vorher. Aber Jana war trotzdem glücklich, dass ihre beste Freundin da war – genau wegen solch verrückten Momenten wie diesem.

Kapitel Acht –
Good names, bad names

Maike and Jana slept deeply in the comfortable bed in their room. When she woke up the next morning, Jana was very excited. The big moment had arrived: She was going snowboarding for the first time in her life! After a quick breakfast, everyone put on their winter outfits.

«Oh my God, Jana! Your pants are *sooooo* big!» laughed Katie when Jana and Maike walked into the living room in their snowboarding clothes. Maike laughed, too. «Stimmt, deine Hosen sind echt riesig!» she agreed.

«They are my dad's snowpants», antwortete Jana schnell, «I borrowed them.» Dann betrachtete sie Katies und Maikes Outfits. Beide, das musste Jana neidvoll zugeben, sahen einfach perfekt aus. Katie trug eine pinkfarbene Jacke und pinkweiße Schneehosen. In der Hand hielt sie einen pinkfarbenen Helm, der mit weißen Sternen verziert war. Maikes Outfit war dunkelblau und silber, auch ihr Helm war farblich genau abgestimmt. Außerdem hatten beide nagelneue Snowboards. Jana fühlte sich neben ihren Freundinnen richtig schäbig. Hoffentlich würde Jake sie nicht auch noch auslachen! Jana fand, dass sie schon jetzt ziemlich blöd aussah mit ihrer riesigen Hose – aber richtig peinlich wurde es sicher, wenn sie nachher versuchte, sich irgendwie auf ihrem uralten Snowboard aufrecht zu halten, während die anderen wie die Profis die Pisten herunterrasten!

Katie und Maike hatten Janas betrübten Gesichtsausdruck bemerkt. «Oh, don't worry, Jana», sagte Katie lächelnd. «It really doesn't matter if your pants are too big, and it will hurt less when you fall. We were only joking around.» Jana blickte immer noch zweifelnd an sich herunter. Warum hatte sie sich bloß keine eigene Schneehose gekauft? «Hauptsache, die Hose ist schön warm», sagte jetzt auch Maike aufmunternd. «Mmh, ich weiß ja nicht», grummelte Jana und stopfte ihre Hosenbeine extra tief in ihre Stiefel. «Girls, are you coming?», rief Jake in diesem Moment von draußen.

«Come on, let's go!», rief Jake noch einmal ungeduldig, als die Mädchen aus dem Haus kamen.

Wow!, war Janas erster Gedanke, als sie ihren Freund sah. Sie hatte ja schon immer gefunden, dass er toll aussah, aber in diesen Snowboardklamotten sah er noch viel besser aus! Die blaue Schneehose und die Jacke mit den silbernen Streifen stand ihm wirklich gut. Unglaublich gut, fand Jana.

«Mom and Dad are waiting in the car!», rief Jake, der Janas bewundernde Blicke genossen hatte. Zu Janas Schrecken blieb sein Blick einen Moment an ihrer übergroßen Kleidung hängen. Oder hatte sie sich das nur eingebildet? Zumindest lächelte er nur freundlich und sagte nichts. «Puh», flüsterte Jana Maike zu. «So auffällig ist meine Hose wohl doch nicht!»

«Let's go everyone, get in the car!», rief Jake als Nächstes. Maike und Katie kletterten auf die hintere Bank des Autos.

«Do you want to sit next to me, Bigpants?», grinste Jake Jana an, als er ihr die Autotür aufhielt. Jana hörte Katie und Maike im Auto kichern und wurde knallrot. Er hatte ihre Hose also doch bemerkt!

«Very funny», sagte sie und warf Jake einen bösen Blick zu.

«I'm only joking», lächelte er und nahm besänftigend Janas Hand. «Like you were joking last night with your … song …!»

Jana merkte, wie sie noch röter wurde.

«Jakey-o, oh Jakey-o,» hörte sie Maike wie aufs Stichwort aus dem Auto singen. Vor lauter Lachen konnte sie allerdings die Melodie kaum halten.

Jana wusste vor Peinlichkeit gar nicht, wohin sie gucken sollte.

Jake grinste. «I liked your song! And … you look sweet in your big pants!»

«Hhhmmph», machte Jana nur und rutschte ohne ein weiteres Wort auf die Sitzbank des Autos.

Half an hour later, Mr. and Mrs. Ramirez dropped off the four teenagers at the snowboarding slopes. Jake noticed that Jana was very quiet. He felt bad because Jana had not liked his joke. Her pants did look funny – but he really didn't want

Jana to be mad at him! Maybe he only needed a new nickname for her!

«Don't worry, Sweetypants, I'll help you!» he said when Jana tried to put her boots into the snowboard binding.

«Sweetypants?» Jana asked and smiled a little.

«Sure.» Jake gave Jana a kiss. «I told you, you look really sweet in your big pants.»

To his relief, Jana laughed and kissed him back.

Jake was very happy to see Jana smile again. He stood up on his snowboard and held out his hands to pull Jana up, too.

«So, Sweetypants,» he said, «how do you feel on your snowboard?»

«I don't know …» Jana said. She felt a little queasy. For the first time she could see the whole mountain below her. It looked steep and very dangerous.

Hier komme ich doch nie im Leben heil runter, schoss es Jana durch den Kopf. «Viel Glück, Süße! Du kommst klar, oder?», rief Maike, die in diesem Moment an ihr vorbeisauste. Direkt darauf folgte Katie, die Jana noch zuwinkte, bevor die beiden den Berg hinabschossen.

Jana atmete tief durch.

«Okay, let's go!», sagte sie zu Jake und bemühte sich, nicht zu ängstlich zu klingen.

Chapter Nine –
Snowboarden für Fortgeschrittene

Jake smiled at Jana. «Cool. You go first, and I'll follow you on my snowboard.» He also had some advice for his girlfriend. «Make sure to bend your knees very low. And try to keep your balance!» He gave Jana a kiss and let go of her hands.

Jana beugte ihre Knie tief und verlagerte ihr Gewicht nach vorn. Langsam begann ihr Snowboard zu rutschen. Sie musste sich sehr konzentrieren, um die Balance zu halten. Sie biss die Zähne zusammen und spannte alle Muskeln in ihrem Körper an. Immer schneller glitt sie über den Schnee, sie fühlte den Wind an ihrem Kopf vorbeisausen. Ob Jake auch wirklich hinter ihr fuhr? Sie warf einen kurzen Blick nach hinten. Sehen konnte sie nichts, doch die kleine Bewegung reichte, um Jana vollkommen aus dem Gleichgewicht zu bringen. Mit voller Wucht knallte sie auf den Boden, überschlug sich und blieb dann mit dem Board im Schnee stecken. Was für ein Schreck! Ein paar Sekunden blieb Jana wie versteinert liegen, dann rappelte sie sich langsam auf.

Jake saw Jana's crash as he followed her down the hill. He worried at first, but then he saw Jana sit up in the snow, and she looked okay. He smiled to himself. His first time on a snowboard had been like that, too. He had had bruises and scratches all over his body. He shushed to a halt in front of Jana who was now looking at him with wide eyes.

«I'm okay, I'm okay,» she said very quickly.

«Can you get up?» Jake asked, and Jana got up, still a little shaky.

«I don't think I like snowboarding,» Jana mumbled. «It's too fast … and too scary!»

«Maybe this was a little too difficult for a beginner,» Jake replied quickly. «But I have an idea. I'll hold your hands and help you get down this hill. That will make it easier for you to keep your balance.»

«I hope that will work better,» she replied with a weak smile. «Thank you for helping me. You are really sweet.»

Jake lächelte und nahm Janas Hände fest in seine eigenen. «*You* are sweet, Sweetypants», sagte er. Dann setzte Jana sich, diesmal ganz langsam, wieder auf ihrem Board in Bewegung.

Als Jana und Jake am Fuß der Piste ankamen, warteten Katie und Maike schon ungeduldig auf sie.

«Das ist ja viel schwerer, als ich dachte», schnaufte Jana, als sie mühsam neben Maike zum Stehen kam. Trotz der langsamen Fahrt war sie ständig hingefallen – und vollkommen außer Atem war sie auch.

Maike nickte mitfühlend. «Aber es wird mit jeder Abfahrt besser», versuchte sie ihre Freundin aufzubauen.

«How did you like your first snowboard ride?», mischte sich Katie in das Gespräch. «Isn't it the most *fantastic* thing?»

«I don't know», sagte Jana und wischte sich mit dem Handrücken den Schweiß von der Stirn. «It's so hard!»

Auch Katie konnte Jana gut verstehen. «It's not easy for beginners», nickte sie.

«Aber dafür ist es umso cooler für Fortgeschrittene», lachte Maike.

«You are going to *love* it», prophezeite Katie. Doch Jana war sich da nicht so sicher.

«Do you want to go again?», fragte Jake.

Jana zögerte. Ihr taten jetzt schon alle Knochen weh. Ob sie sich wirklich noch einmal auf den steilen Abhang wagen sollte? Dann sah Jana Jakes erwartungsvollen Blick. Auch Katie und Maike schienen es gar nicht abwarten zu können, endlich wieder auf die Piste zu kommen.

«Okay», lächelte sie. «I'll try again.»

«Good for you, Jana», lächelte Katie.

The four friends got onto the lift and rode up the hill again. At the top of the slope, Maike and Katie did not wait for Jana and Jake. They waved goodbye to the other two and shot down the hill even faster than before.

«I knew Katie was a great snowboarder,» Jake said as he watched the girls board down the slope. «But Maike is good, too. I mean, really! She's much better than I expected!»

Jana sah Jake von der Seite an. Er schien ja wirklich beeindruckt von Maike zu sein. Wahrscheinlich würde er am liebsten mit den beiden anderen den Berg hinunterjagen – und stattdessen musste er mit ihr im Babytempo über die Piste schlittern. Jana seufzte. Irgendwie hatte sie sich das alles anders vorgestellt.

Jana's second ride down the mountain didn't go better than the first. After she had fallen for the eleventh time, she stopped counting. When she finally reached the end of the slope, her arms and legs hurt like crazy. She felt very frustrated. Why could everyone snowboard so well, and she couldn't?

«You are getting better, I think», sagte Jake mit einem aufmunternden Lächeln, als er neben Jana am Fuß der Piste zum Stehen kam. «You even boarded on your own a little!»

«I'm not getting better», sagte Jana gereizt und rieb sich ihre schmerzenden Arme. «I fell about a thousand times! My arms hurt! And my legs hurt! Even … my butt hurts! I think every inch of me is bruised!»

Jake lächelte seine Freundin an. «That's how it is for everyone on the first day snowboarding. It takes some time», sagte er. «But I can just feel it, you're going to become a great snowboarder.»

«A great snowboarder like Maike?,» rutschte es Jana bissig heraus.

Jake sah sie verwundert an. «Sure», nickte er dann.

Jana machte eine wegwerfende Handbewegung und schwieg.

«What do you think, do you want to try again?», fügte Jake hinzu.

«I don't think so», antwortete Jana und begann, die Bindungen ihres Snowboards zu öffnen.

«Do you want to go back to El Copo?», fragte er vorsichtig.

«No. But I'm going to sit over there», sagte sie und deutete auf eine kleine Hütte direkt neben der Piste, «and drink a nice hot chocolate.»

«Are you sure?», fragte Jake. Dann fügte er nach einer kurzen Pause hinzu: «Do you want me to come with you?»

Jana überlegte. Eigentlich wollte sie, dass Jake mitkam. Aber andererseits konnte sie an Jakes Zögern erkennen, dass er sicher viel lieber wieder auf den Berg wollte. «Yes, I mean, no. No», wehrte sie deshalb ab. «You can go and snowboard some more.»

«Are you sure?», fragte Jake noch einmal.

«Yes», sagte Jana, aber es klang nicht gerade überzeugend.

«Okay», antwortete Jake und strahlte.

«I'll wait for you at the cafe», sagte Jana und stapfte davon.

Kapitel Zehn – **What's wrong?**

At the cafe, Jana ordered a big mug of hot chocolate with an extra helping of whipped cream. She sat down in a comfortable looking armchair next to the big window. It was so nice to finally sit down, to have a hot drink and to relax!

The more Jana sat in her armchair and drank her hot chocolate, the sillier she felt. Why had she been so unfriendly to Jake? It really wasn't his fault that she wasn't good at snowboarding. He had really tried to help her, and it wasn't his fault that her whole body hurt. Why had she been in such a bad mood? And why had she said that stupid thing about Maike?

Jana beschloss, dass sie sich sofort bei Jake für ihre schlechte Laune entschuldigen würde, wenn er ins Café nachkam. Sie rührte in ihrem Kakao und lehnte sich in ihrem Sessel zurück. Einen richtig schönen Platz hatte sie gefunden, mit einem guten Blick auf die Piste. Ob sie wohl Jake, Maike und Katie entdecken konnte? Jana ließ ihren Blick über den Hügel wandern. Da! Zwischen den vielen anderen Snowboardern entdeckte Jana ihre Freunde. Neidisch beobachtete Jana die drei. Katie, die in ihrer pinkfarbenen Kleidung gar nicht zu übersehen war, fuhr geschickt in großen Bögen die Piste herab. Maike und Jake, die von der Ferne zum Verwechseln ähnlich aussahen, schossen wie zwei blau-silberne Pfeile den Abhang hinunter. Unten angekommen, bremsten alle drei perfekt ab – und bevor Jana sich versah, waren sie schon wieder auf dem Weg zum Lift. Dabei riefen sie sich die ganze Zeit laut lachend etwas zu. Einmal dachte Jana, dass Jake kurz zu ihr herübergeguckt hatte. Und dann, als die drei gerade in den Lift einstiegen, bemerkte Jana noch etwas anderes. Wieso saß Jake eigentlich ständig neben Maike? Und wieso – Jana kniff die Augen zusammen, um besser sehen zu können – berührte Maike *ihren* Freund am Arm, als ob es das Normalste auf der Welt wäre? Und warum lächelte Jake auch noch so dankbar? Jana knallte ihren Becher so fest auf den Tisch, dass ein großer Schwung Kakao auf der Tischdecke landete.

«This is so much *fun*!» Katie shouted when they stood in line for the lift again. «Don't you just *love* it?»

Maike and Jake nodded excitedly.

«I only wish Jana was here with us,» Jake said. «I miss her. But I don't think she liked her first few rides down the slopes.»

«Why doesn't she try again?» Katie asked as she jumped onto the lift before the other two. «It's not easy in the beginning, but I'm sure she'll pick it up really fast.»

«Maybe I should talk to her,» Jake shouted to his sister as he sat down behind her on the lift. «But Jana seemed angry when she went to the cafe. Maybe she doesn't want to talk to me.»

Maike, who sat next to Jake, touched his arm to get his attention. «I can go and talk to Jana,» she said. «I mean, she is my best friend! I think I can make her come back.»

Jake smiled at Maike. «Thanks, Maike,» he said. «You really are a great friend.»

«*Fantastic!*» Katie grinned. «We'll board down together, and then Maike goes and talks to Jana. It's all going to be just *fine*!»

Missmutig starrte Jana in den Schnee, als sie plötzlich Maike winkend und über das ganze Gesicht strahlend auf sich zukommen sah. Nachdem sie ihr Snowboard kurzerhand in den Schnee gesteckt hatte, betrat sie das Café und ließ sich neben Jana in einen Sessel fallen.

«Da bist du ja,» she said.

«Mmh,» was Jana's only answer. She tried not to look at Maike.

«Wie geht's dir denn? Tut dir immer noch alles weh?» Maike asked cheerfully.

«Es geht,» Jana said and looked at her mug of hot chocolate.

«Ist wirklich alles in Ordnung? Du bist so komisch!» Maike wanted to know.

«Nee, also, ja, alles okay,» Jana answered quickly. She really didn't know what to say to her friend. She still felt angry and confused. What was going on between Maike and Jake?

«Jedenfalls wollte ich dich fragen,» Maike smiled again, «ob du nicht wieder mit auf die Piste kommen willst!»

Jana didn't say anything.

«Snowboarden ist wie Singen! Du musst üben, sonst wirst du nie besser!» Maike tried to encourage her.

«Ach, ich weiß nicht,» Jana said. «Und fang bloß nicht wieder mit Singen an!»

«Na gut,» Maike's smile widened, «aber vielleicht baut es dich auf, wenn ich dir sage, dass Jake dich ganz schrecklich vermisst!»

Now Jana looked up at her friend for the first time. She smiled a little. «Echt? Hat er das gesagt?»

«Echt! Das hat er gesagt!» Maike repeated Jana's words. «Er guckt ganz traurig aus der Wäsche ohne dich!»

«Davon habe ich aber nichts gemerkt,» Jana said. But she didn't sound very angry anymore.

«Wie willst du das auch merken, wenn du hier ganz allein rumsitzt und in deinen Becher starrst?» Maike asked. «Was ist da überhaupt mit deinem Kakao passiert?» She pointed to the big stain of hot chocolate on the table cloth.

«Ach, nichts,» Jana said quickly. Vielleicht habe ich mir das gerade alles nur eingebildet, she thought to herself. Immerhin vermisst Jake mich!

«Kommst du mit?» Maike got up from her chair.

«Na gut,» Jana said and smiled. «Aber diesmal hilfst du mir den Berg runter!»

«Versprochen,» Maike laughed.

Chapter Eleven – ***In der Jukebox***

It was a Ramirez family tradition to eat at the *Jukebox* on their spring vacations in Marmot Pass. The *Jukebox* was Jake's favorite restaurant. They had great steaks, great hamburgers, and an extra tasty salami pizza. Every spring, the menu featured a new specialty.

At 8 pm, Mr. and Mrs. Ramirez, the twins and the two German girls drove to the restaurant. Of course, Jana and Jake sat next to each other again.

«I bet you kids are really hungry from all the snowboarding,» Mr. Ramirez said from the driver's seat.

«I'm starving,» Jake answered.

«Totally,» Katie nodded.

«Us, too!» the two German girls agreed.

«I really think you're going to like the *Jukebox*,» Mrs. Ramirez said to Jana and Maike. «Katie and Jake love it there!»

«They have the best food,» Jake said. «Real American food!»

«Was meint er denn mit ‹real American food›?» Maike whispered to Jana.

«Hamburger und so, nehme ich an,» Jana whispered back.

«I wonder if they'll have any new specialties,» Jake continued.

«I'm sure they will, Jake,» Katie said.

«Here we are, kids,» Mrs. Ramirez said from the front of the car.

Mr. Ramirez parked the car and everyone got out. In front of the *Jukebox*, there was a big sign.

This Month at the Jukebox: **The Best Bratwurst in Town!**

«Bratwurst?» Jana read, surprised.

«That's the new specialty,» Jake said happily. «Bratwurst! Nice.»

«I *love* Bratwurst,» Katie said. «Don't you *love* Bratwurst?»

Jana and Maike laughed.

«Na ja,» Maike said.

«Didn't you say,» Jana squeezed Jake's hand, «that the *Jukebox* had real *American* food?»

«Yes, of course!» Jake said proudly.

«But …» Jana was still laughing. «Bratwurst is German!»

«It's even a German word!» Maike agreed.

«Really?» Katie said, «How funny is that? What does it mean?»

«It means …» Maike began and looked at Jana for help.

«Fried sausage,» Jana said.

«Cool! That sounds pretty accurate,» Katie replied.

«Okay, so maybe Bratwurst is German,» Jake said stubbornly. «But I think it's also American.»

«Noooo!» Jana and Maike said at the same time.

«I think Jake has a point,» Mrs. Ramirez joined the conversation. Maike and Jana looked at her, interested. «You have to remember, people from all over the world moved to the United States, and they all brought their foods and traditions. For example, pizza is originally a dish from Italy, but there are American pizza styles, too.»

«Many people here are from Mexico,» Mr. Ramirez joined in, «like our family. That's why Americans cook a lot of Mexican food. In fact, American Mexican food is a bit different than Mexican food in Mexico. And there are many Germans in America, so you could say Bratwurst here is more like an American version of a German dish.»

«Exactly! That's just what I meant,» Jake said.

«Let's go and eat some real German-American Bratwurst then,» Katie laughed and held open the door to the restaurant.

Die *Jukebox* hatte ihren Namen von einer alten Musikbox, die in der Mitte des Restaurants aufgestellt war. Ganz altmodisch konnte man eine 25-Cent-Münze einwerfen und alte Lieder auf richtigen Schallplatten abspielen. Besonders Mr. und Mrs. Ramirez waren begeistert und suchten sich immer wieder ihre alten Lieblingssongs aus.

Jana hatte die meisten dieser Lieder noch nie gehört, aber irgendwie, fand sie, passte diese Musik richtig gut zur *Jukebox*. Das ganze Restaurant sah aus, als ob es aus einer anderen Zeit kam. Die Wände waren voller Fotos aus vergangenen Jahrzehnten, und auch die Einrichtung kam Jana vor wie aus einem alten Film.

«What are you kids going to eat?», fragte Mr. Ramirez und blätterte durch die Speisekarte. Dazu wippte er gutgelaunt im Rhythmus des Liedes, das er gerade auf der Musikbox ausgesucht hatte.

«I know what I want», antwortete Jake. «I'm having the Bratwurst!»

«Me too», sagte Maike. «I really want to see if American Bratwurst is like German Bratwurst!»

«I'm sure it's better», sagte Jake lächelnd zu Maike.

«We'll see», antwortete Maike mit einem, wie Jana fand, etwas übertriebenen Grinsen. Jana guckte zu Jake. Er lächelte immer noch so komisch in Maikes Richtung.

«What about you, Jana and Katie?», fragte Mrs. Ramirez. Jana hörte auf, Jake anzustarren, und konzentrierte sich wieder auf die Speisekarte.

«I think I'll have the club sandwich», antwortete Katie und klappte entschlossen ihre Karte zu.

«What is a club sandwich exactly?», fragte Jana, die dieses Wort zwar schon oft gehört, aber noch nie ein Club Sandwich gegessen hatte.

«It's a sandwich with bacon and turkey, lettuce and tomatoes on toast. There's also mayonnaise. It tastes *sooooo* good.» schwärmte Katie. «You should try it!»

«Okay», willigte Jana schnell ein. Sie warf wieder einen misstrauischen Blick auf Jake und Maike. Immerhin grinsten die beiden sich nicht mehr an. Maike war in ein Gespräch mit Mr. Ramirez vertieft, und Jake guckte freundlich in Janas Richtung, als wäre nichts gewesen.

«Good choice, Jana», sagte Jake und nahm unter dem Tisch Janas Hand. «The *Jukebox* makes the best club sandwich in the world!»

The Bratwurst, it turned out, was great. «Schmeckt fast genauso wie deutsche Bratwurst,» Maike said to Jana. «Ist nur etwas anders gewürzt, glaube ich.»

All the other food tasted really good, too. Maike and Jana were impressed with the American restaurant. After everyone had finished their meals, Mr. and Mrs. Ramirez turned their attention to the big old jukebox again.

«Why don't you try and find a German song?» Mr. Ramirez said to Jana and Maike. «We'd really like to hear some music from your country.» He pulled another coin out of his pocket and gave it to Jana.

Jana and Maike looked at each other. «Ob das Ding wohl deutsche Lieder hat?» Maike asked Jana.

«Und wenn's welche gibt, dann sicher nur so altmodisches

Zeug,» Jana smiled. «Let's go over there and look,» she added in English and pulled Maike over to the jukebox. Mr. Ramirez nodded excitedly.

«Also, ich kann hier nichts Deutsches entdecken», sagte Maike.

«Ich auch nicht.» Jana fuhr mit dem Finger die lange Liederliste hinunter. «Nichts. Nur englische Oldies. Das meiste davon kenne ich überhaupt nicht!»

«Guck mal, *99 Red Balloons*», sagte Maike und deutete auf einen Song ganz unten auf der Liste. «Ist das nicht die englische Version von einem deutschen Lied? *99 Luftballons*? Das hat meine Mutter früher immer gehört!»

Jana staunte. Das Lied war auf der CD gewesen, mit der sie ganz am Anfang geübt hatte! Die Partyhits ihrer Eltern schienen sie zu verfolgen!

«Mmh, nicht gerade mein Geschmack, aber immerhin etwas», sagte sie zu Maike. Sie warf die Münze in den Schlitz und drückte die richtige Zahlenkombination. Sofort wechselte sich die Schallplatte, der Arm senkte sich auf den Plattenteller, und das Lied begann.

«So you found some German music,» Mr. Ramirez said happily when the girls came back to the table.

«Yes,» Maike nodded. «Our parents really like this song!»

Mr. Ramirez listened intently. «But ...» he said, «I don't hear any German! The lyrics are in English!»

«It's an English version, but the original is in German,» Jana explained.

«Oh, that's too bad,» Mrs. Ramirez said. «We were hoping to hear something in German!»

«I know *exactly* what we can do about that,» Katie chimed in. «This girl,» she pointed to Jana, «is a *fantastic* singer! And I'm *sure* she knows this song *by heart*! She can sing the German lyrics for us.»

Schon wieder? Jana thought to herself. She was a little embarrased. She was slowly getting used to the singing, but why did Katie have to call her «fantastic»? She really was not a fantastic singer!

Of course, everybody else liked Katie's idea.

«Let's hear the German lyrics!» Mr. Ramirez said.

«Come on, Jana,» Jake nodded. «Katie is right. You're great!»

«Na los, du musst doch sowieso vor Publikum singen üben», fügte Maike hinzu.

Da hatte Maike recht, musste Jana zugeben. Warum also nicht? Immerhin hatte sie genau dieses Lied schon einmal vor Publikum gesungen. Sie atmete tief durch und stand auf. Dann wippte sie ein bisschen mit und setzte genau zum Refrain mit ein – natürlich auf Deutsch. Ein Glück, dass sie den Text wirklich kannte!

Everybody clapped along to Jana's song. Not only the Ramirez family, but also guests at other tables turned around and watched Jana. When Jana saw everyone smile and nod along to the music, she started to feel more confident. She even dared to sing louder. Jana couldn't believe it – but she was actually enjoying herself! It was *fun* to sing for an audience!

Als die letzten Töne des Liedes verklungen waren, klatschten alle Zuhörer Beifall. Jana grinste einmal in die Runde, machte eine kleine Verbeugung und ließ sich dann wieder auf ihren Stuhl fallen.

«Great job!» someone shouted from another table.

«You have a very good voice, Jana,» Mr. Ramirez said when Jana sat down again. Mrs. Ramirez nodded. «You do, Jana,» she agreed with her husband.

«See?» Jake said happily and gave Jana a kiss. «I told you! You're a great singer!»

Dankbar drückte Jana Jake an sich. Dann guckte sie zu Maike, die mit einigen anderen Zuschauern immer noch für sie klatschte. Da konnte doch nichts sein zwischen Jake und Maike, beschloss Jana. Wahrscheinlich hatte sie mal wieder einfach nur Gespenster gesehen.

Kapitel Zwölf –
Back on the board

Am nächsten Morgen war Jana in bester Stimmung. Seit dem schönen Abend in der *Jukebox* hatte sie wieder gute Laune: Jake war so süß gewesen, ihr kleiner Auftritt war super angekommen, und das Essen hatte auch noch gut geschmeckt. Jetzt freute sie sich sogar auf einen weiteren anstrengenden Tag auf der Piste. Jana hatte es im Gefühl: Heute war ein perfekter Tag zum Snowboarden! Vor lauter guter Stimmung war sie so zuversichtlich, dass sie nicht einmal mehr Angst vor der steilen Abfahrt hatte, als sie zusammen mit ihren Freunden auf dem Berg stand und ins Tal hinabschaute.

«Heute schaffe ich es», dachte Jana. «Heute werde ich richtig gut sein!»

«Do you want me to help you again?», hörte sie Jake fragen.

«No thanks. I think I can manage on my own», antwortete sie.

«Super, Jana! Das ist die richtige Einstellung», rief Maike und sauste los. Katie und Jake folgten ihr. Jana atmete einmal tief durch und rutschte in Richtung Abhang.

She felt great! Her knees bent low, she sped down the hill after her friends. She didn't try any of the tricks and jumps she saw Katie and Jake do in front of her, but she was keeping up!

Until – suddenly – she saw something red in the corner of her eye and then … Whaamm! It happened in a second. The skier in red had come out of nowhere. She had seen him too late and crashed into him at full speed.

«Can't you watch out?» the man shouted angrily as he got up again. «Why don't you snowboarders ever pay attention?!! There are other people on this mountain, you know!» he exclaimed. He got up, muttered to himself, and moved on down the hill.

Jana schlug mit der Faust auf den Boden. Das war gerade wirklich nicht ihre Schuld! Und nun war sie schon wieder gestürzt und lag allein im Schnee. Die anderen mussten schon meilenweit voraus sein. Und sie, die blöde Anfängerin, kam wieder einmal nicht hinterher. Wieso passiert so was ausgerechnet mir?, dachte Jana wütend. Könnten Katie oder Maike nicht auch mal hinfallen?! Doch es half alles nichts. Wohl oder übel musste sie wieder aufs Brett steigen und den anderen mit einem riesigen Abstand hinterherfahren.

When Jana had almost reached the foot of the mountain, she spotted Katie. But Katie wasn't moving. She stood motionless at the side of the slope near a small tree. What was going on? As Jana got nearer, she also saw Jake. He was kneeling in the snow with his snowboard still bound to his feet behind him. He was looking at something in the snow but Jana couldn't really see what it was. As she finally made out what it was, her stomach turned. It was Maike! She lay on the ground with blood on her face. Jana was shocked. When she stopped beside Maike, Jake was just wiping her face with a tissue.

«Maike! Was ist denn passiert!?», rief Jana ängstlich und kniete sich neben ihre beste Freundin in den Schnee.

«She tried to jump – like Katie and me,» Jake explained looking very worried and also a little guilty. «And then she fell and cut her head on something. There must have been a stone in the snow.» For the first time since Jana met her, Katie didn't say anything at all. Her face was white as chalk and she looked shocked.

Jana fühlte sich schrecklich. Eben gerade hatte sie sich noch gewünscht, dass den anderen auch mal etwas passieren sollte – und jetzt lag Maike verletzt im Schnee. Das hatte sie wirklich nicht gewollt! Jana beugte sich über ihre Freundin und nahm ihre Hand.

«Es ist nicht so schlimm, tut kaum weh», sagte Maike und lächelte schwach. «Ich habe mich nur erschreckt wegen dem Sturz und dem ganzen Blut. Und dann sind meine Beine ganz wackelig geworden.»

«Come on, try to get up. Your cut has stopped bleeding, I think», sagte Jake zu Maike und nahm das Taschentuch von ihrer Wunde. «We have to get you down the hill.»

Er half Maike beim Aufstehen und hob dann ihr Snowboard vom Boden auf.

«Thank you, Jake. You saved me!» Maike said and they smiled at each other.

Jana hatte plötzlich überhaupt kein Mitleid mehr mit Maike.

Jake hatte *ihr* nach einem Sturz noch nie so fürsorglich aufgeholfen! Und jetzt auf einmal mimte er den Helden – und Maike spielte sein Spielchen auch noch mit.

Warum versucht Maike überhaupt, sich vor Jake so aufzuspielen? Wollte sie ihm mit ihrem Sprung zeigen, wie toll sie snowboarden kann, im Gegensatz zu mir?, dachte Jana düster. Die beiden können mir langsam echt gestohlen bleiben!

Once Maike finally stood up on her snowboard, Katie held her hand while they slowly rode down the hill. Jake was glad that Maike seemed to be all right. She seemed only a little shaky on her legs. Even to him, her crash had looked really dangerous! Jake looked at Jana who was very quiet. Poor Jana, Jake thought to himself. She must be shocked about Maike's accident. Then a different idea came to his mind. I hope Jana noticed that I took care of Maike after her crash, he thought. Maybe she will be impressed that I'm so helpful! After all, Maike was his girlfriend's best friend! Jana must be really happy that I'm trying to be Maike's friend, too, he thought.

Jana fühlte sich furchtbar. Einerseits hatte sie langsam eine richtige Wut auf Maike und Jake. Andererseits hatte sie in manchen Momenten das Gefühl, selbst eine schlechte Freundin zu sein. Sie war ständig gereizt und nahm den beiden einfach alles übel. Und ein schlechtes Gewissen wegen Maikes Sturz hatte sie immer noch …

Jana beschloss, dass sie etwas Zeit für sich allein brauchte. Sobald sie wieder im El Copo waren, würde sie den anderen einfach sagen, dass sie müde war und früh ins Bett wollte. Sich einfach die Bettdecke über den Kopf ziehen und über nichts mehr nachdenken, das war alles, was Jana jetzt noch tun wollte.

Chapter Thirteen – **Ein Tag im El Copo**

The next morning, Jana still wasn't feeling well. She didn't like the prospect of spending another day on her snowboard at all. She just wanted to be on her own, and not have to see anymore of Jake and Maike.

At the breakfast table she noticed that nobody was in a great mood.

«My head still hurts a little bit,» Maike told Mr. and Mrs. Ramirez who were still worried about her accident.

«That jump was really crazy, Maike! You were very lucky,» Katie said sounding scared.

«I know. I definitely won't try that again soon,» Maike answered smiling weakly.

«It doesn't look like a good day for snowboarding anyway,» Jake added and pointed out the window.

Erst jetzt fiel Jana auf, dass draußen ein heftiger Schneesturm tobte. Vor lauter weißen Flocken konnte man kaum die Bäume und Autos vor dem Fenster erkennen. Das war wirklich kein Pistenwetter!

«You know what, everyone?» Mr. Ramirez erhob seine Stimme. «I think we should stay in today. You all look like you need a break. Let's spend the day at El Copo. We can try out some of those old board games that are still in your bedroom upstairs, Katie and Jake. And tonight, we'll stay in and prepare a big dinner together. What do you think?»

Alle schienen dankbar für diese Idee und nickten.

«Dad, that's wonderful!», sagte Katie. «We'll have a fantastic El Copo day!»

Maike, Jana, Katie und Jake halfen dabei, den Frühstückstisch abzuräumen. Dann suchte sich jeder eine Beschäftigung für den Tag. Mr. und Mrs. Ramirez fuhren zum Supermarkt. Katie verschwand in Richtung Badezimmer und verkündete, dass sie einen Beauty-Vormittag einlegen würde. Maike war bald in alte Fotoalben vertieft, die Mrs. Ramirez am Vortag gefunden hatte.

«I'd like to play a game. Do you want to join in?», fragte Jake an Jana gerichtet. Doch Jana hatte keine Lust. Sie wollte lieber allein sein. Zum Glück fiel ihr auch gleich eine passende Ausrede ein.

«No thanks. I think I'm going to go upstairs and work on my singing. I will have to practice a lot more if I want to get that part», antwortete sie.

«Okay, that's a good idea. Give me a shout if you need an audience,» he smiled at her.

Jana nodded and disappeared upstairs. Jake was glad to see that Jana was still eager to play the part of Juliet – even if that meant she would have to sing.

As Jana left to practice, Jake remembered something.

«Hey Maike!» he called. «I think we have some work to do.»

«Really?» Maike looked puzzled. «I thought all the dishes had already been washed.»

«They have. But remember the note I wrote you? And the plan we made at the bowling center?» he asked.

«Oh, yes, of course I do. You're right. But we have to be careful or Jana will find out,» she replied.

Quietly, so that Jana wouldn't hear them, they searched El Copo for all the ingredients they needed for Jake's plan. They found three large pieces of cardboard, different kinds of markers and pens, a pile of colorful magazines, a pair of scissors and a tube of glue. They spread everything out on the living room floor and began to work.

Oben im Schlafzimmer der beiden Mädchen drückte Jana zum x-ten Mal auf den Startknopf des CD-Players. Mittlerweile hatte sie herausgefunden, welches der Lieder für das Musical ihr am besten gefiel. Sie hatte sich schließlich für das Stück entschieden, das Julia am Bett des sterbenden Romeo singt. Also genau das, das sie bei dem peinlichen Zwischenfall mit Maike geprobt hatte, als Jake plötzlich ins Zimmer geplatzt war. Mehrere Male hatte sie es sich schon angehört. Erst hatte sie nur mitgesummt, als Nächstes dann in den Refrain mit eingestimmt. Anschließend hatte sie das kleine Booklet aus der CD-Hülle gezogen, in dem die Texte aller Songs abgedruckt waren. Nun versuchte sie, die passenden Worte zur richtigen

Zeit in Takt und Melodie unterzubringen. Das war gar nicht so einfach! Vor allem, weil sie manche der poetisch klingenden Vokabeln nicht einmal kannte …

Das Sing-Training war fast genauso anstrengend wie Snowboardfahren. Aber es hatte einen entscheidenden Vorteil, stellte Jana fest:

Ich werde wirklich von Mal zu Mal etwas besser, dachte Jana, zufrieden mit ihrem letzten Versuch. Langsam bekomme ich ein Gefühl für dieses Lied.

Der kleine Erfolg hellte sofort ihre Stimmung auf. Sie war überrascht, wie gut sie ihr Lied jetzt schon hinbekam. Selbst ihre Stimme zitterte nicht mehr. Vor Publikum, das wusste Jana, wurde es sicher noch einmal schwieriger. Aber allein vor dem Spiegel klappte das ja schon ziemlich gut!

Ich glaube, es wird Zeit, vor Zuschauern zu singen, dachte Jana mutig. Na ja, zögerte sie in Gedanken, vielleicht erst einmal vor *einem* Zuschauer …

She opened the door and shouted «Jake!» down the stairs. For a moment, the cabin was very quiet. Then, after a minute, she heard Jake shout back: «Yeah? What's up?»

«Can you come upstairs? I want to sing my song to you!» she replied, even feeling a little proud of herself. She knew Jake would be impressed when he heard how much she had improved.

«Umm …» he called back, not sounding very enthusiastic. «Okay. I'll be there with you in a second.»

Jana stutzte. Sie hatte etwas mehr Begeisterung erwartet,

dass sie Jake an ihren Proben teilhaben lassen wollte. Es war immerhin eine Ehre für ihn, dass er ihr zugucken durfte. Schließlich war ihr das Singen eigentlich ziemlich peinlich … Na ja, wahrscheinlich war er gerade noch beschäftigt. Er würde schon gleich kommen.

Jana ging zurück ins Zimmer und ließ sich aufs Bett fallen. Sie wollte noch einmal den Text durchgehen, bevor sie ihr Können bewies. Sie las die Zeilen von Anfang bis Ende … einmal … zweimal … dreimal! Doch Jake tauchte nicht auf.

Wo bleibt er denn? Jana wondered impatiently. Ich gehe ihn besser mal holen! She jumped down the stairs, two steps at a time.

«Jake?» she called when she got to the hallway. She could hear voices and movement. Suddenly, Jake burst out of the living room and quickly shut the door behind him. He was out of breath and Jana thought that he had a guilty look on his face.

«What's going on in there?» she asked, completely forgetting about *Romeo and Juliet*.

«Nothing!» he replied, a little too quickly and a little too loudly. He was trying to look innocent, but Jana didn't buy it.

She shot an angry look at her boyfriend, pushed him aside and flung open the living room door.

Jana stürmte ins Wohnzimmer. Sie wusste selbst nicht, was sie erwartet hatte, dort zu sehen. Wie angewurzelt stand sie im Raum und schaute sich um. Auf dem flauschigen Sofa saß Maike, die in einem Magazin blätterte. Neben ihr lag noch ein ganzer Stapel davon auf dem Fußboden. Sie war aufgeschreckt, als Jana hereingeplatzt war und schaute sie jetzt verwundert an.

«Suchst du was?», fragte Maike.

«Ja, ähm … nein», stotterte Jana. Was war bloß schon wieder in sie gefahren? «Ich wollte nur gucken, wo du bist.»

«Hier bin ich! Keine Sorge, ich laufe nicht weg», sagte Maike und grinste.

«Gut.» Jana zögerte. Dann richtete sie sich an Jake. «Right. Do you want to hear my song now?»

«Sure», antwortete Jake und ließ Jana zuerst die Treppe hinaufgehen. Bevor er ihr folgte, steckte er noch kurz den Kopf ins Wohnzimmer. Er grinste Maike an und machte eine Handbewegung, als ob er sich den Schweiß von der Stirn wischen würde, und sagte leise: «Phew! That was close!»

«Close. But not too close», flüsterte Maike lachend, als er die Tür ins Schloss zog.

Kapitel Vierzehn –
I'm not completely stupid!

«Jake! Hurry up!» Katie called up the stairs. It was the next morning and everyone except for Jake was standing in front of El Copo, dressed up in snowboarding gear, and ready for another day in the Rockies. Only Jake was still inside the cabin. «I'll be downstairs in a minute,» he yelled back.

Was macht er denn bloß?, dachte Jana ungeduldig. Nach dem Tag in El Copo freute sie sich wieder richtig auf den Schnee und die Berge. Doch Jake ließ auf sich warten. Jana und die anderen wurden langsam unruhig. Obwohl der Schneesturm des vergangenen Tages vorüber war und der Himmel in kräftigem Blau strahlte, wehte ein eisiger Wind. Maike hatte sich schon ihre Kapuze aufgesetzt und die Handschuhe angezogen. Katie tänzelte hin und her, um in Bewegung zu bleiben.

Jana beschloss, dass sie lange genug gewartet hatten. «I'm going to get him», sagte Jana schließlich zu den anderen. Bevor jemand etwas erwidern konnte, stapfte sie zurück ins Haus und die Treppe hinauf.

Jake was busy hiding Jana's surprise inside his and Katie's bedroom. He and Maike had gotten a lot of work done on the previous day, but then they had been interrupted by Jana's singing practice. They had been lucky she hadn't noticed anything, but now they knew that it had been very risky to work in the living room. Jake set his alarm clock very early that morning to finish the surprise alone in his bedroom while Katie was still getting ready. He was very pleased with the result that he now held in his hands: he had made at least 20 signs in bright colors and big letters. The signs were for Jana's concert. Maike, Katie and Jake were going to hold the three biggest signs, give two more to Jana's parents, and hand out the rest to other people in the audience.

«Jana will feel like a real superstar!» Jake thought as he admired each poster, one by one, before hiding them all in the back of his closet. «She won't believe her eyes. It'll be such a great surprise for her sweet sixteen!» In the closet, there were also two pairs of scissors, some glue, and the red flyer with the secret message Jake had written for Maike. He took out the flyer and looked at it again. That was a fantastic idea, he thought, to secretly get Maike to help me!

He was just about to hide the red piece of paper with the posters when he heard footsteps outside. He quickly flung the flyer inside his closet and slammed the door shut just as the bedroom door burst open. Jana was standing in front of him.

«Jake, everyone's waiting for you», rief Jana, während sie

die Tür öffnete. Dann stutzte sie. Was hatte Jake da gerade so hektisch in den Schrank geworfen? Jana war es, als hätte sie ein rotes Stück Papier gesehen. War das vielleicht der gleiche Zettel, den Maike klammheimlich im Bowlingcenter in ihre Tasche gesteckt hatte?

«What are you doing?», fragte sie deshalb misstrauisch.

Jake überhörte ihre Frage einfach. «Really? Everyone's waiting?», sagte er und guckte, als wäre er überrascht. «I'll be right there!» Er tat so, als wühlte er in seinem Schrank herum. Möglichst unauffällig versuchte er, einen großen Stapel T-Shirts vor die drei Poster zu schieben. I hope Jana didn't notice anything!, dachte er nervös. I really don't want to ruin the surprise!

«Uuhmm … I can't find my hat», erklärte er darum schnell und sah Jana entschuldigend an. Sorgfältig schloss er die Türen des Kleiderschranks. That was close!, dachte er und lächelte Jana treuherzig an. Doch Jana war diesmal nicht so leicht zu beruhigen.

«Are you kidding me?», fragte sie vorwurfsvoll.

«Why, what's the matter? I'm only looking for my hat!», sagte er und versuchte noch unschuldiger zu klingen.

«Jake!», fauchte Jana.

«What?» Jake hob abwährend die Hände.

«You are *wearing* your hat! It's on your *head*!» Jana presste die Worte stinksauer heraus. «And don't think that I didn't notice that you're hiding something in there!» Sie deutete auf den Kleiderschrank. «I'm not completely stupid, you know!»

Dann machte sie kehrt und stapfte wütend die Treppe wieder hinunter.

Oh, no … Jake thought.

In the car, on the way to the slopes, it was clear to everyone that Jana and Jake had had a fight. Jana looked very angry and when Jake tried to take her hand, she only shot him a dark look in return.

«Was ist denn los?» Maike asked carefully.

«Ach, ich weiß auch nicht. Jake ist ein Idiot.» Das letzte Wort sagte sie extra deutlich, denn es war sicher auch für einen Amerikaner unmissverständlich. Auf weitere Erklärungen hatte sie keine Lust. Maike benahm sich in letzter Zeit schließlich auch immer komischer. Auch jetzt, bemerkte Jana säuerlich, zuckte ihre angeblich beste Freundin nur mit den Achseln.

Auf der Piste angekommen, beschloss Jana darum, sich erst mal nicht an Jake oder Maike zu halten. Die immer freudestrahlende Katie war ihr im Moment sowieso am liebsten. Außerdem war sie eine wirklich geduldige Snowboardlehrerin. Nach einer Weile war Jana so ins Üben mit Katie vertieft, dass sie ihren Streit mit Jake fast vergessen hatte. Jake war derweil damit beschäftigt, etwas abseits von den Mädchen Sprünge und Tricks zu üben. Maike fuhr in großen Schleifen um Katie und Jana herum und beobachtete deren Fortschritte aus der Ferne.

«It's *amazing* how fast you've learned! You're a *great* snowboarder now!», lobte Katie. Auch Jana war überrascht, wie gut sie heute vorankam. Statt nur senkrecht den Berg hinunterzuschlittern, war sie tatsächlich gerade eine Kurve gefahren! Das hatte sie bisher noch nie geschafft. Konzentriert nahm sie den Rest der Abfahrt in Angriff: Linkskurve, Rechtskurve, Linkskurve, Rechtskurve … das lief ja wie am Schnürchen. Und gestürzt war sie heute auch noch nicht.

Elegant kam sie am Fuß des Hügels zum Stehen und drehte sich stolz zu ihrer Lehrerin um.

«Well done, Jana! You're *fantastic*! But, well, *I'm* a fantastic teacher, right?», lachte Katie.

«You are. And you're also crazy, but I'm sure you know that already», gab Jana lächelnd zurück.

Sie suchte den Berg nach Jake ab. Hoffentlich hatte er gesehen, wie gut sie gefahren war. Doch er war nirgends zu entdecken.

«They're over there, Jana!», hörte sie plötzlich Katie sagen, die neben ihr stand. Katie zeigte mit dem Finger auf Maike und Jake, die weiter unten in der Nähe des Skilifts standen.

«Did they pass us?», fragte Jana verwundert. Sie hatte gar nicht bemerkt, dass Jake und Maike an ihnen vorbeigefahren waren.

«I think so», erwiderte Katie, «but I didn't notice them either.»

Schwungvoll setzte Jana ihr Snowboard in Bewegung, um so lässig wie möglich auf Maike und Jake zuzufahren. Doch die beiden bemerkten sie gar nicht. Die Boards neben sich in den Schnee gesteckt, standen sie da und unterhielten sich angeregt.

Genau wie letzte Woche beim Karaoke!, durchzuckte es Jana.

Gerade lachte Jake und deutete auf seine Mütze. Auch Maike lachte laut.

Was machen die beiden da?, dachte Jana und spürte, wie der Ärger wieder in ihr hochkochte. Erzählt er ihr etwa von unserem Streit? Macht er sich über mich lustig?

Sie bremste neben Maike und Jake und konnte gerade noch einen Fetzen von Maikes letztem Satz hören: «… in your closet, right?»

Janas Wut kochte über. «In your closet? So you really are hiding something from me in your closet! And Maike knows about it? You two are so …» Ihr fiel kein passendes Wort ein. «Ihr könnt mir echt gestohlen bleiben!» Mit Tränen in den Augen riss sie sich das Board von den Füßen und stapfte durch den tiefen Schnee davon. Maike und Jake blieben wie vom Donner gerührt zurück.

The sun was blinding her and she could hardly see because tears were now streaming down her face. «Diese Verräter!» Jana cried. She was furious. The only thing she wanted now was to get away, away from Jake and Maike, as far away as possible. She would have boarded a spaceship to Mars! Anywhere was better than here with those … liars! Traitors! Jana staggered on through the deep snow. She didn't pay attention to where she was going and she didn't care. When she found a new ski-lift, she didn't hesitate to go to it and get away as fast as possible. She had never seen this lift before, but without thinking twice, she grabbed her snowboard, took a deep breath and got on.

Chapter Fifteen –
Wo ist Jana?

Als der Skilift den Gipfel erreicht hatte, wäre Jana am liebsten noch weitergefahren, noch höher in die Berge, bloß weit weg von Maike und Jake. Jana schaute sich um, doch von diesem Berggipfel führte keine Seilbahn weiter hinauf. Sie griff nach ihrem Snowboard und stapfte missmutig zu einem kleinen Unterstand, der neben der Piste aufgebaut war.

Was bildete sich Maike eigentlich ein? Sich einfach hinter ihrem Rücken an Jake ranzuwerfen – und dann auch noch so unschuldig zu tun! Und Jana hatte die ganze Zeit geglaubt, sie wären die allerbesten Freundinnen! Wütend schmiss sie ihr Snowboard in den Schnee. Helm und Handschuhe flogen gleich hinterher. Und was war mit Jake in der letzten Woche los? Manchmal war er genauso süß wie früher – und dann log er sie wieder an! Und das ständige Getuschel mit Maike! Jana wusste nicht, von wem der beiden sie enttäuschter war.

She sat down on a little wooden bench and looked around. This mountain was a lot higher than the one they had been riding over the last few days. The slope was very long, and much steeper. There were a lot of people on snowboards and on skis. Jana watched them as they went down the slope. These people where even better and even faster than Jake, Maike and Katie!

If Jana hadn't been so angry, she would have been impressed with what she saw. They looked like professionals on TV.

Was Maike und Jake wohl gerade machten? Die Piste herunterjagen und sich gegenseitig mit angeberischen Tricks übertrumpfen, vermutete Jana. Bestimmt hatten die beiden richtig viel Spaß zusammen. Und vermissten sie dabei überhaupt nicht!

«I can't see her anywhere!» Jake said to Maike as he scanned the group of people standing around near the slopes.

«Where could she be?» Maike asked, looking very concerned. «We've been looking for Jana for almost an hour now!»

«Maybe Katie had more luck,» Jake said. He looked very worried, too.

Maike looked around. «There's Katie,» she said and pointed towards his sister.

«Katie!» Jake shouted. «Did you find Jana?»

Katie shook her head as she came towards the other two. «No,» she said. «I couldn't find her anywhere.»

«I wish we knew where Jana went,» Jake said.

«Oh, why didn't I think of this earlier,» Maike said suddenly. «We can call Jana's cell phone!»

«Cell phones don't work here, Maike,» Katie explained. «We're too high up in the mountains.»

«Oh,» Maike said.

Jake shrugged his shoulders. He had no idea what they could do next.

«I feel terrible,» Maike sighed.

«It's all our fault!» Jake said.

«What are you two talking about?» Katie asked. «What's going on?»

«Remember when you said we should do something special for Jana's sweet sixteen? And for her concert?» Jake asked his sister.

Katie nodded. «Of course.»

«Well, Maike and I have been planning something really cool! And we are trying to surprise Jana with it!»

«And? What does that have to do with her getting lost?» Katie asked.

«I think Jana got it all wrong,» he explained. «She saw me and Maike whisper to each other, yesterday, and the day before yesterday, and last week, and …»

Katie tilted her head and looked at her brother. «So?»

«She knows we're hiding something, but she doesn't know what it is.»

«And I think she's really angry with us,» Maike finished Jake's idea.

Katie looked from Maike to Jake. «Well, that shouldn't come as a big surprise, now should it?» Katie asked. «Of course she's angry! She has no idea what's going on between you two!»

Now Jake and Maike looked at each other, speechless.

«But …» Maike started.

«But ...» Jake continued. «We were only trying to surprise Jana!»

«You're crazy. Both of you. You know that, right?» Katie said. «You have to tell Jana what's going on! Of course she's angry with you!»

Jake and Maike looked at the ground.

«Come on, you guys,» Katie said. «All you have to do is find Jana! And then you can explain everything!»

«Okay,» Jake said.

«You're right, Katie,» Maike said.

«I *know* I am.» Katie was smiling again. Then she got serious again. «Where could we look for her?»

«I can look at the cafe again,» Maike suggested.

«Good idea,» Katie said. «And I can wait here and see if she comes back. And you, little brother,» she looked at Jake who was so worried that he didn't even protest, «you should go and follow her in the direction that you saw her leave.»

«Okay, good idea,» Jake said and started walking. «I really, *really* have to find Jana!»

Kapitel Sechzehn –
Snowboarding for professionals

Jake tried to find the spot where Jana had shouted at him and Maike before she stomped off. He looked around, but he couldn't remember exactly which way Jana had gone. There were a lot of footsteps in the snow, leading in almost every direction.

This won't help me, Jake thought. I'll have to trust my instincts. He set off, slowly wading through the deep snow. He looked carefully behind each tree and each building and shed that he passed. He even asked a couple of passers-by if they had seen a red-head with oversized snowboarding pants, but nobody had.

Jake was exhausted. It felt like he had been looking for Jana for ages, trudging around the snow with his heavy snowboarding boots. He dropped and sat down in the snow and scratched his head.

Where is she? he thought to himself. He let his gaze wander. He had searched for her everywhere! Then, a little further away, his eyes fell upon something he hadn't noticed so far. Of course! Jake clapped his hand to his forehead. He didn't know why, but suddenly he felt sure that he knew where Jana had gone. «That's it! The other ski-lift!» He jumped up with new energy and ran towards it.

Jana wurde langsam unbehaglich. Sie hatte schon ziemlich lange dagesessen, den vorbeisausenden Skifahrern und Snowboardern hinterhergesehen und über alles, das passiert war, nachgedacht. Doch langsam leerte sich die Piste. Immer weniger Menschen sprangen aus der Seilbahn und fuhren den Berg hinunter. Der Himmel zog sich langsam mit Wolken zu, und die Sonne verschwand hinter den Gipfeln.

Es wird schon Abend, erschrak Jana, die keine Uhr dabeihatte. Ich muss langsam von diesem Berg runterkommen! Aber wie?

Die vor ihr liegende Piste war viel zu steil. Allein beim Blick auf den Abhang stockte ihr der Atem. Sie würde niemals unten ankommen. Jana lief einige Meter auf dem Gipfelplateau hin und her. Vielleicht war die Abfahrt an einer anderen Stelle weniger gefährlich? Fehlanzeige – von hier aus gab es keinen leichten Weg nach unten.

Jana versuchte, mit ihrem Snowboard über der Schulter die Piste hinunterzulaufen. Doch schon nach wenigen Schritten sackte sie ein und steckte bald so tief im Schnee, dass sie kaum wieder freikam. Zu Fuß würde sie also auch nicht ins Tal kommen.

Was mach ich denn jetzt bloß?, dachte Jana verzweifelt.

Dann durchzuckte ein weiterer Gedanke ihren Kopf. Ob die anderen mich wohl suchen?

When Jake jumped out of the ski-lift, he held his breath. This mountain is so high! he thought. He had heard other snowboarders talk about how difficult the slope was, and he had never even taken the lift to go up and see for himself. If Jana really is up here, we have a problem. A huge problem! Then he tought of something even worse. I only hope she wasn't crazy enough to ride down this mountain all on her own! Jake knew he had to find his girlfriend before she tried!

The sky grew darker and darker and it became hard to see. Jake could make out a few skiers and boarders, but most of them were rushing down the mountain like they were training for the Olympics. Jana couldn't have been one of them. Where was she?

«Jana?» Jake called loudly. He was getting really worried. «Jaaaanaaaa!» He *had* to find her – fast!

Jana saß an einen Baum gelehnt und zerbrach sich den Kopf, wie sie am besten von diesem verdammten Berg herunterkommen sollte. Plötzlich schreckte sie auf. Hatte sie gerade ihren Namen gehört? Sie lauschte.

«Hör auf zu träumen, Jana! Die suchen dich sowieso nicht», ermahnte sie sich selbst. Doch da hörte sie die Stimme wieder, diesmal lauter und klarer: «Jaaaanaaaa!»

Ist das etwa Jake?, dachte Jana und sprang auf. Sie lugte hinter der Tanne hervor. Tatsächlich! Etwas entfernt von ihr stand Jake und blickte suchend umher. Janas Herz machte vor Glück und Erleichterung einen Satz. Sie hatte den Grund für ihren Wutanfall zwar nicht vergessen, doch jetzt war sie einfach nur froh, nicht mehr allein auf dem hohen Berg zu sitzen.

«Jake!», rief sie und stapfte auf ihn zu.

Jake turned around. «Jana! There you are!» He sounded very relieved and flung his arms around his girlfriend. But Jana did not hug him back. Instead, she freed herself right away.

«Let's get down this mountain!» Jana said in a matter-of-fact tone, trying not to sound too happy that Jake was there.

«Okay,» he replied, unhappy about Janas cold reaction. But now was a bad time for talking. Their situation was getting more dangerous every minute. They had to get to the valley before it went completely dark. I'll explain everything to Jana later, there's just no time now, he thought to himself.

«I know what we'll do,» Jake said out loud, pushing away all other thoughts that were racing around in his head. «I'm goofy. You're regular, right?»

Jana nodded.

«We can face each other and hold hands while we ride down. That way, we will support each other. It's the only way we can get down this slope safely,» Jake explained.

Jana understood and nodded. They both got onto their boards and fastened the bindings.

«Get those bindings as tight as humanly possible, Jana. We're going to need every last bit of control that we can get,» Jake said as he pulled on his binding strap and looked down the steep slope.

Jetzt ging es los. Jana und Jake nahmen sich fest bei den Händen und schauten sich in die Augen. Dann schlitterten sie in Richtung Abhang. Beide bemühten sich, nicht zu schnell zu werden und möglichst parallel zum Berg in großen Schleifen hinunterzurutschen. Doch der Abhang hatte es in sich! Überall lauerten versteckte Felsvorsprünge, tiefe Steilabhänge und vereiste Flächen. Sie mussten sich voll konzentrieren. Jeder Muskel in ihrem Körper stand unter Hochspannung. Mehrmals geriet Jana aus dem Gleichgewicht. Doch Jake reagierte schnell und schaffte es, sie wieder auf die Beine zu ziehen. Auch Jake schätzte einige Stellen des Abhangs falsch ein. Er übersah einen vereisten Fleck und verlagerte genau in diesem Moment das Gewicht auf das falsche Bein. Sofort riss sein Board nach hinten aus. Zum Glück stand jetzt Jana sicher und fest und stützte Jake ab. Doch für Erleichterung blieb keine Zeit. Weiter ging es den steilen Berg hinunter.

Jake was concentrating so hard that he almost didn't notice that they were losing speed. The mountain was getting easier to ride and the slope was becoming less steep. Slowly but surely they were reaching the valley. When they finally skidded to a halt at the bottom of the mountain Jake was very relieved.

«Jana, we made it! We've conquered the mountain!» Jake shouted happily. «You were great!» he added and smiled at his girlfriend.

But Jana didn't return his smile. Her look was empty and tired. Jake wasn't surprised, the dangerous ride had been very exhausting.

«I'm so glad we made it,» he said to Jana and pulled her towards him. «I found you, and we did this together. Everything will be all right now.»

«All right?» Jana asked and looked at Jake very seriously. «Nothing is ‹all right›, Jake. We rode down this stupid mountain together, but that doesn't mean everything else is suddenly ‹all right!›»

Jake looked at Jana. Now, he really had to tell Jana that he was planning a surprise for her. She had to know why he had been talking to Maike, and what he was hiding in his closet.

«Jana, let me explain ...» he began. But then Katie and Maike came running towards them.

«Jana! I'm so glad you're here! We worried like crazy!» Katie shouted and gave Jana a big hug.

«Da bist du ja endlich! Ich habe mir solche Sorgen gemacht. Hat Jake dir alles erklärt?», rief auch Maike erleichtert.

Doch Jana wollte von all dem nichts wissen. Okay, sie haben mich gesucht. Aber sie hätten ja schlecht ohne mich zurück nach El Copo fahren können, dachte Jana missmutig. An der ganzen Sache ändert das überhaupt nichts. Schließlich hatte sie einen sehr guten Grund gehabt, wegzulaufen.

«Lass mich bloß in Ruhe!», zischte Jana in Maikes Richtung. Und an Jake gerichtet, fügte sie wütend hinzu: «I don't want to hear another word from you.»

«Jana, listen to me. Please! I wanted to, I mean, we wanted to ...», versuchte Jake es noch einmal. «Maike and I ...»

Wollte ihr Jake jetzt allen Ernstes erklären, was zwischen Maike und ihm passiert war? Sollte sie sich in aller Ruhe anhören, was die beiden hinter ihrem Rücken alles so machten, dass sie sich ineinander verliebt hatten?

«I said shut up and leave me alone!» Jana schnitt ihm das Wort ab, ließ die anderen einfach stehen und stapfte wutschnaubend in Richtung Parkplatz.

Chapter Seventeen –
Eiszeit

The last day at El Copo wasn't much fun for anyone. Jana stopped talking to Maike and Jake. They had been lying to her – and that was all she needed to know. In her frustration, Jana didn't even want to be near Jake and Maike. Every time they tried to say something, Jana left the room. The others could hear Jana practice her song while they sat in the living room and watched TV. They normally didn't watch much TV at the cabin, but without Jana they didn't know what else they could do.

Während des letzten Frühstücks im El Copo, bei dem alle wohl oder übel zusammen an einem Tisch sitzen mussten, merkten natürlich auch Mr. und Mrs. Ramirez, dass etwas nicht stimmte.

«What's going on, kids? You're all terribly quiet!», erkundigte sich Mrs. Ramirez.

«Nothing, Mom. We're just … *sooooo* tired. All those days on our snowboards were really exhausting!», antwortete Katie schnell.

«Well, that's true», gab ihre Mutter zurück. «Oh Jana, I meant to ask you and Maike something», fügte sie hinzu. «I was going to take the two of you to the souvenir store before we drive back to Boulder. You can pick out something for your parents. What do you think?»

«Oh yes, that would be great», freute sich Maike und blickte erwartungsvoll in Janas Richtung. Doch die schaute wie immer düster.

«No, thank you. But why don't you ask Jake?»

«Jake? Who would Jake buy souvenirs for, honey? We're all here, aren't we?», fragte Mrs. Ramirez erstaunt. Auch Mr. Ramirez blickte fragend in die Runde.

«Oh Mom, you never know. They have all sorts of stuff in those stores! Maybe even … basketball stuff or something like that», versuchte Katie die Situation zu retten.

Jana konnte es gar nicht erwarten, endlich aus dem El Copo wegzukommen! In Boulder würden Maike und Jake ihr sicherlich weiter auf die Nerven gehen, aber bestimmt konnte sie den beiden da besser aus dem Weg gehen als in diesem blöden Bergdorf. Ein bisschen gruselte sich Jana allerdings vor der langen Heimfahrt. Immerhin würde sie stundenlang eng neben Jake und Maike sitzen müssen. Doch auch dafür fiel Jana eine Lösung ein: Kaum war sie auf die Sitzbank des Autos gerutscht, steckte sie sich auch schon die Kopfhörer ihres MP3-Players in die Ohren, drehte sich demonstrativ in Richtung Fenster, machte die Augen zu und war für niemanden mehr ansprechbar.

Back home in Boulder, Jana told everyone that she would do nothing but practice for her performance over the next few days. «Don't disturb me, I have to work on my song, *alone*,» she announced as she shut the door to her room.

Ich werd allen zeigen, was ich draufhabe! Jana thought as she sat in her bedroom every day. She could hear her parents and Maike coming and going, and she was glad they were not trying to talk to her anymore. The only thing Jana wanted to do now was sing, and she practiced every minute of the day. Slowly, she could tell that she was getting better. Maybe she did have a chance of getting the role after all!

Despite her new confidence in her singing, she couldn't stop thinking about what had happened with Maike and Jake. Wenn doch nur das alles mit Jake und Maike nicht passiert wäre! Ich hätte Maike niemals hierher einladen sollen!

Wie immer, wenn sie wütend, traurig oder ganz besonders glücklich war, griff sie an den Herzanhänger an ihrer Halskette: das Geschenk von Maike, Zeichen ihrer Freundschaft. Von wegen!, dachte Jana unglücklich. Sie öffnete den Verschluss der Kette, guckte noch einmal traurig auf das türkisfarbene Herz und schleuderte es dann in die Schublade ihres Schreibtisches. Mit einem Schwung riss sie sich auch das türkis funkelnde Armband vom Arm, das Jake ihr geschenkt hatte, früher, als noch alles in Ordung war. Sie beförderte es nach ganz hinten in die Schublade.

Jana took a deep breath. She closed the desk drawer. She swore to have no more stupid thoughts about Jake and Maike.

She would concentrate on her music and nothing else. Her song and the contest were all that mattered. She would practice even more, she would sing even better, she would win the casting no matter what, or who, got in her way! Jana got up, started the song on her MP3 player and sang – once, twice, three times, and again, and again, and again.

Kapitel Achtzehn – ***Sing … and dance!***

«How often do I have to tell you? I don't want to hear another word about Jake and Maike!», sagte Jana ärgerlich.

«But …», wollte Katie anfangen. Obwohl sie sonst gar nicht zu bremsen war, kam sie heute bei Jana nicht zu Wort.

«No!», sagte sie bestimmt. «I don't want to talk about them. I'm serious. If you mention them again, I'll go home.»

«All right», antwortete Katie beschwichtigend. «I hear you.»

«Okay», sagte Jana, jetzt auch wieder etwas ruhiger.

«I just … I just think that you have to talk to them!,» setzte Katie sofort wieder an.

«Katie!», rief Jana.

«Okay, okay», sagte Katie. «I'll stop.»

«Thank you!» Jana klang immer noch ziemlich genervt.

«Let's talk about the concert then», wechselte Katie endlich das Thema. «How do you feel about your performance?»

«I'm so nervous», antwortete Jana, dankbar, dass sie über etwas anderes reden konnte.

«*Ooooh*», sagte Katie, die endlich wieder zu ihrer alten Art zurückgefunden hatte. «You're not nervous! You're *excited*! I mean, you're going to be in a concert! You're going to be the star, on your birthday! That is *so cool*!»

Jana lächelte. Eins musste man Katie lassen: Ihre Begeisterung war wirklich immer ansteckend.

«I have to practice my song again», erklärte Jana dann den Grund, warum sie überhaupt vorbeigekommen war. Heute war schließlich die letzte Möglichkeit zum Proben – und wer konnte ein mitreißenderes Publikum sein als Katie? «Do you want to listen?»

«Of course! I'd *love* to!», rief Katie freudig und rückte sich ihren Stuhl so zurecht, dass sie direkt vor Jana saß.

«Okay», sagte Jana. Sie holte ihren MP3-Player aus der Hosentasche und stöpselte ihn an Katies Lautsprecherboxen. Die Musik begann. Jana konzentrierte sich, zählte im Kopf mit und setzte im richtigen Moment ein. Sogar ihre Stimme, fand Jana, klang jetzt gar nicht mal so schlecht. Das ganze Üben hatte sich tatsächlich gelohnt.

Als die letzten Takte verklungen waren, machte sie noch eine kleine Verbeugung und ließ sich dann auf einen Sessel fallen.

Katie wirkte irgendwie gar nicht so begeistert.

«Good job, Jana», sagte sie nur. «Really, not bad at all.»

«That's all?», fragte Jana enttäuscht. Gerade von Katie hätte sie etwas mehr Lob erwartet! «Not bad?»

«Well», Katie überlegte auffällig lange, bevor sie weitersprach. «Your singing is great! Really! It's fantastic.»

«But?», fragte Jana, die merkte, dass Katie noch nicht fertig war.

«But … you're not moving! I mean, it's a song! It's music! If you want to win this competition, you have to move!»

«Move?», fragte Jana. «Do you want me to dance?»

Jetzt nickte Katie wieder. «*Exactly!* Dance while you sing!»

«I can't dance!», protestierte Jana.

«Of course you can! Remember what I told you? If you can walk you can dance, if you can talk you can sing! It's true!» Katie lächelte aufmunternd.

«Oh, I don't know», murmelte Jana. Bis eben hatten sie noch geglaubt, sie wäre gut vorbereitet für ihren großen Auftritt. Aber jetzt war ihre ganze Selbstsicherheit dahin. Wie sollte sie denn bitte jetzt noch tanzen lernen? In 24 Stunden war das Casting! Katie war wirklich verrückt.

«Okay, Jana», sagte Katie in diesem Moment in energischem Ton. «Do you want to win tomorrow? Do you want to play Juliet in the *Romeo and Juliet* musical?»

Jana zögerte. Dann lächelte sie. «Yes, of course I want to win! I want to play Juliet!»

«That's what I thought!» Katie strahlte. «And», fügte sie dann hinzu, «you're lucky.»

«Why?», fragte Jana.

«I happen to be a fantastic dancer! I can show you how to dance! We can make your performance *the best*!», erklärte Katie und sprang auf. «Let's go!»

Three hours later, Katie and Jana were still singing and dancing. Jana was doing her best, but it wasn't easy. Learning to sing had been hard enough, but moving to the music and singing at the same time was extremely difficult! And it always looked so easy when the stars did it on TV!

«Let's try it again, Jana,» Katie said. «You're already doing a lot better!»

Katie started the song. Jana stood in the middle of the room, facing the wall. When the music began, she turned around slowly, raised her head and lifted her hand like she was holding a microphone.

«Nice!» Katie said.

When Jana sang the first few words, she moved her arms just like Katie had shown her.

«Good, Jana,» Katie shouted. «That looks great! Now, pay attention … 2, 3, 4! Step to the left, step, step, step and – spin!»

Jana did what Katie told her. She still had to concentrate, but slowly, very slowly, she could see that she was getting better. She still wasn't perfect – but she could really sing and dance at the same time, and it was starting to feel natural!

«Much better, Jana!» Katie said when the song was over.

«Okay, let me do it again!» was Jana's only answer. Katie started the song again. Jana went through all the moves again and sang as well as she could.

Jana performed the song five more times before she had enough. After one last spin, she let herself drop on Katie's bed.

«That's it,» she said. «I can't move anymore, and I'm afraid I'll lose my voice if I sing another note.»

Katie beamed at her. «You are *sooooo* good now, Jana! I mean, really! You can sing – and you can dance to your song! It's fantastic!»

«I hope you're right,» Jana said and stretched her legs.

«I think you're going to win tomorrow! I really do!» Katie continued excitedly.

«I hope you're right,» Jana said again.

«That would be the best birthday present *ever*!» Katie said.

Jana smiled and nodded.

«Talking about birthdays …» Katie went on. «It's such a special birthday for you this year! Your first birthday in Colorado! And – it's your sweet sixteen!»

«Sweet sixteen … I've heard this expression before. It sounds great, but what does it mean exactly?»

«It means that you'll have a *really* cool birthday, because sixteen is such a cool age! Sixteen is … the best age! Everybody wants to be sixteen! And,» Katie continued happily, «everybody wants to make it a very special day for you. You'll perform at the concert, and then we'll all have a big party.»

«We?» Jana asked slowly. «*We* will *all* have a party?»

«Sure!» Katie answered. «You are going to invite Jake and Maike, right?»

Jana jumped up from the bed. She grabbed her MP3 player and walked to the door.

«Thanks for helping me with the dancing, Katie,» she said in an icy voice. «That was great. But I really have to go now.»

«Jana, wait!» Katie shouted. But Jana had already left.

Chapter Nineteen –
Der rote Zettel

Wie so oft in der letzten Zeit wusste Jana nicht, was sie denken sollte. Einerseits war sie total aufgeregt – morgen war der große Tag! Sie würde tatsächlich endlich wieder auf einer Bühne stehen – und dank Katie würde sie nicht nur vor einem riesigen Publikum singen, sondern auch noch tanzen! Jana konnte jetzt schon das Lampenfieber fühlen. Ihre Beine waren irgendwie ganz zitterig. Vielleicht lag das aber auch an dem vielen Üben. Und dann war ja morgen auch noch ihr Geburtstag. Sweet sixteen, hatte Katie gesagt. Was ihre Eltern sich wohl für Geschenke ausgedacht hatten? Und wer ihr wohl alles gratulieren würde? Sicher würden Oma und Opa aus Deutschland anrufen, und viele ihrer Mitschüler wussten auch Bescheid. Wer wohl der erste Gratulant sein würde?

Plötzlich wurde Jana ganz schwer ums Herz. Eigentlich hätte das Maike sein sollen. Und darauf, dass sie zum ersten Mal mit Jake ihren Geburtstag feiern konnte, hatte sie sich besonders gefreut. Wie hatte nur alles so schiefgehen können? Was war bloß passiert? Jana schniefte und wischte sich eine Träne aus dem Augenwinkel.

She opened the front door to her parents' house.

«Hallo, bin wieder da!» she shouted.

«Wir sind im Wohnzimmer, Schatz,» she heard her dad's voice.

Jana went into the living room. Her parents were sitting on the couch. Her dad was reading a newspaper, and her mom was watching the news on TV. Maike was also in the room. She was sitting in the comfortable arm chair by the window. She looked up nervously when Jana came into the room. When Jana saw Maike, she immediately turned around to leave.

«Jana-Schatz, willst du dich zu uns setzen?» Jana's mom asked with a smile.

«Nein,» Jana said grimly.

«Willst du uns nicht nochmal dein Lied für morgen vorsingen? Als Generalprobe?» Her dad tried to get Jana to stay.

«Nein,» Jana said again. «Hab schon genug geübt.»

«Aber vielleicht kannst du Maike gleich beim Kochen helfen. Sie hat vorgeschlagen, heute für uns alle eine Lasagne zu machen!» Jana's mom tried again.

«Ganz bestimmt nicht.» Jana threw an ice cold look at Maike. «Wenn ihr mich sucht, ich bin in meinem Zimmer.»

Maike tried to say something, but Jana had already stormed out of the room.

In ihrem Zimmer angekommen, warf Jana sich auf die Luftmatratze, auf der sie seit Maikes Ankunft schlief. Warum hatte sie *der* bloß ihr bequemes Bett überlassen? Und als ob das nicht schon nervig genug wäre, lagen auch noch überall Maikes Sachen herum. Schlechtgelaunt guckte Jana sich um. Auf dem Bett, auf dem Sessel, sogar auf dem Schreibtisch und auf dem Fußboden türmte sich Maikes Zeug. Übermorgen flog Maike wieder ab – dann hatte sie ihr Zimmer endlich wieder für sich allein. Richtig freuen konnte sie sich selbst darüber nicht. Warum hatte Maike sich so verändert? Und wie, das fragte Jana sich zum hundertsten Mal, hatte sie nur so lange glauben können, dass Maike ihre beste Freundin war? Wütend trat Jana gegen einen Stapel von Maikes Sachen neben ihren Füßen. Ein paar Bücher und Zeitschriften, zwei Schuhkartons und eine Plastiktüte mit Souvenirs flogen auseinander und blieben rund um die Luftmatratze herum liegen. Sollte Maike das doch nachher wieder aufräumen!

Suddenly, Jana noticed something. One of the books had opened, and a folded piece of red paper had fallen out. Jana looked at it in shock. This was the note Jana had seen Maike put away at the bowling center, the same note she had seen Jake hide at El Copo! Jana suddenly felt sick to her stomach. No matter what it said on this piece of paper, it had to be something terrible. Maybe Maike and Jake were making fun of her. Maybe they were writing about how stupid she was. Maybe, and this was even worse, maybe this note was a love letter Jake had written to Maike. Or it was one Maike had written to Jake. Jana took the piece of paper. Her hands shook. A tear ran down her cheek.

Mit zittrigen Händen faltete Jana den roten Zettel auseinander. Und tatsächlich! Jake hatte wirklich hinter ihrem Rücken einen Brief an Maike geschrieben! Jana erkannte Jakes Handschrift sofort. Und «Maike» war das erste Wort, das da auf dem Zettel stand. Jana war so übel, dass sie nicht weiterlesen konnte. Ihre Augen brannten, und die Tränen flossen ihr über das Gesicht. Es hatte schon vorher schrecklich wehgetan, aber so verzweifelt wie jetzt, wo sie diesen Beweis in den Händen hielt, hatte sie sich in ihrem ganzen Leben noch nicht gefühlt.

Jana couldn't stop crying. With the red note in her hand, she buried her face in her pillow. Everything fit together now. Maike and Jake had been writing secret notes to each other. They had been talking behind her back. They had been laughing together, and they had always tried to be alone, away from her. Jana pictured Jake and Maike smiling at each other at the bowling center. She remembered them riding down the slopes together on their snowboards. She remembered them whispering to each other in the El Copo living room. Now it all made sense. There really was a terrible secret.

So schrecklich alles schon war, jetzt musste sie einfach lesen, was Jake Maike genau geschrieben hatte. Jana rieb sich die Augen, stützte sich auf ihren Ellenbogen und richtete ihren Blick wieder auf den roten Zettel. «Maike», sah sie in Jakes Handschrift. Jana schniefte. Dann las sie die nächsten Zeilen.

Wie vom Blitz getroffen, sprang Jana von der Luftmatratze. Ungläubig starrte sie auf den Zettel. Sie musste nur einen kurzen Blick auf die Rückseite werfen, um zu erkennen, worauf Jake seine Nachricht geschrieben hatte. Dann starrte sie wieder auf Jakes Worte. Jana war plötzlich ganz leicht und schwindelig im Kopf. Sie hielt sich an ihrem Regal fest und konnte den Blick nicht von dem roten Zettel wenden. Tausend Gedanken rasten ihr gleichzeitig durch den Kopf. Dann zuckte Jana zusammen. Sie musste mit Jake und Maike reden! Sofort!

Kapitel Zwanzig –
Best friends again

Jana stormed out of her room, ran down the stairs and into the living room. Her parents were still sitting on the couch. Maike's armchair was empty.

«Wo ist Maike?» Jana shouted much too loudly. «Schnell, wo ist Maike? Sie war doch eben noch hier!» Jana's parents looked at her, confused.

«Was ist denn in dich gefahren?» her mother asked.

«Jetzt sagt schon! Wo ist sie?» she shouted impatiently.

«Sie ist in der Küche, Jana,» her dad finally answered in a calm voice. «Sie macht für uns alle eine Lasagne zum Abendessen. Das weißt du doch!»

Without another word, Jana ran out of the room and into the kitchen.

«Maike!» she shouted when she saw her friend standing at the table, cutting up tomatoes.

Maike looked up, surprised.

«Maike!» Jana said again. This time, she didn't shout. «Ich bin so froh, dass ich dich gefunden habe!»

«Ach ja?» Maike said carefully.

«Ja!» Jana said.

Maike looked at her expectantly.

«Ich war gerade in meinem Zimmer, und da liegt überall dein Kram – und dann ist da aus einem deiner Bücher dieser Zettel rausgefallen …» She held up the red note.

«Der ist da rausgefallen? Einfach so?» Maike asked sarcastically.

«Ist doch egal jetzt!» Jana said quickly. «Jedenfalls habe ich ihn gelesen, ich war ja so sauer und so traurig, und jetzt – jetzt weiß ich, was eigentlich los war!»

Maike looked at Jana. «Wir hatten eigentlich eine Überraschung für dich geplant,» she said after a pause. «Immerhin ist es dein sweet sixteen!»

«Das weiß ich jetzt!» Jana said.

«Und wir wollten es dir schon seit Tagen erzählen, weil du Verdacht geschöpft hast, aber du wolltest ja nicht zuhören,» Maike continued.

«Ich weiß! Ich war so blöd!» Jana said. She felt like crying again. «Es tut mir so schrecklich leid.»

Maike looked at her friend again. Jana was trying to fight back her tears.

A smile appeared on Maike's face. «Komm her, du dumme Nuss,» she said and held her arms open.

Jana hugged her friend happily. «Es tut mir so leid,» she said again. «Ihr habt euch immer so komisch benommen, und ich war so eifersüchtig …»

«Wahrscheinlich haben wir uns wirklich etwas verdächtig verhalten,» Maike agreed. «Wer weiß, vielleicht hätte ich genauso reagiert wie du.»

Jana hugged her friend again. «Ich bin so froh, dass ich jetzt weiß, was los ist,» she said.

«Und ich erst!» Maike laughed. «Die Überraschung wäre ja fast zur Katastrophe geworden!»

«Was ist denn die Überraschung überhaupt?» Jana asked.

Maike laughed again. «Das wird nicht verraten!»

«Ach, komm, sag schon,» Jana said and poked her best friend.

«Da musst du schon Jake fragen. Schließlich war es ja seine Idee!» Maike answered.

«Jake!» Jana said quietly. «Weißt du, wo er ist?»

«Auf dem Sportplatz hinter eurer Schule,» Maike said. «Seit wir wieder hier sind, ist er jeden Tag da und schmeißt mit seinem Basketball auf den Korb, stundenlang. Und er will mit niemandem reden, nicht mal mit Katie.»

Jana felt the tears in her eyes again. «Ich muss sofort zum Sportplatz,» she said as she ran out of the kitchen.

Chapter Twenty-one –
Es ist ein Notfall!

Jana rannte aus dem Haus und die Straße entlang bis zur Bushaltestelle. Ungeduldig schaute sie auf den Fahrplan. Noch fast eine ganze Stunde bis zum nächsten Bus! So lange konnte sie unmöglich warten. Vor ihrem inneren Auge sah sie Jake vor sich, wie er mutterseelenallein auf dem riesigen Sportplatz stand, immer und immer wieder die gleichen Würfe machte und dabei aussah wie ein begossener Pudel. Und ich bin an allem schuld, dachte Jana. Jake will mich überraschen – und ich mache alles kaputt. Eine tolle Freundin bin ich! Sie fluchte und rannte zurück zum Haus. Jetzt gab es nur noch eine Möglichkeit, schnell zu Jake zu kommen.

«Papa! Mama!» she shouted as she ran back into the house.

«Was ist denn jetzt los, Jana-Schatz?» her mother asked.

«Du bist ja ganz außer Atem! Hast du Maike nicht gefunden?» her dad wanted to know.

«Doch, doch, Maike ist in der Küche, aber ich muss jetzt ganz schnell zum Sportplatz, wirklich, ganz, ganz schnell. Könnt ihr mich fahren? Bitte!»

Jana's parents looked at each other.

«Aber wir wollten doch gleich essen,» her mom said. «Warum willst du denn jetzt noch Sport machen?»

«Ich will doch gar nicht Sport machen! Ich muss ganz dringend mit Jake reden! Es ist … so was wie ein Notfall!» Jana shouted.

«Na wenn das so ist,» Jana's dad smiled at his wife, got up from the couch and took the car keys from the table. «Auf geht's!»

On the way to the sports field, Jana didn't say a word. She was too nervous. Why couldn't her dad drive faster? Why were there all those slow cars on the road? She had never noticed all the traffic lights either. Why did they all seem to be red today, and why were they always staying red for so long? When they had finally reached the school, Jana jumped out of the car the second her dad had parked.

«Dauert nicht lange,» she promised before she closed the door.

Her dad nodded and held up the newspaper he had brought along with him. «Ich warte.»

Jana rannte über den Schulhof und auf die andere Seite des großen Gebäudes. Hier befanden sich die weitläufigen Sportanlagen. Und genau wie Jana es sich vorgestellt hatte, war es hier wie ausgestorben. Wer ging schon freiwillig am letzten Ferientag aufs Schulgelände? Jana lief weiter und schaute sich suchend um. Sie entdeckte Jake auf dem Basketballfeld, das etwas versteckt hinter der großen Turnhalle lag. Da stand er und dribbelte gedankenverloren mit einem Ball. Sogar aus der Ferne konnte Jana erkennen, wie traurig er aussah.

«Jake!», rief sie und fing wieder an zu rennen. «Jake!»

Überrascht schaute Jake in ihre Richtung. Sein Gesicht hellte sich auf, als er Jana erkannte.

«Hey», sagte er leise, als sie vor ihm zum Stehen kam.

«Hey», sagte auch Jana. «I ...» Dann wusste sie erst mal nicht weiter.

Jake guckte jetzt genauso fragend wie vorhin Maike.

Dann sprudelte es nur so aus Jana heraus. «I found out that you and Maike were planning a surprise for me! I've been so stupid! I'm so sorry!»

Zu Janas Erleichterung breitete sich ein Grinsen auf Jakes Gesicht aus.

«So you're not mad at me anymore?», fragte er.

«No!», sagte Jana bestimmt.

«I really wanted to surprise you for your sweet sixteen», antwortete Jake. «But I think I did a terrible job at keeping it a secret.»

«You ... you acted so strangely!», sagte Jana, um ihr Verhalten zu erklären. «I mean, I didn't understand what was going on, and I got really angry and worried ...»

«What were you worried about?», fragte Jake und runzelte die Stirn.

«I thought that you ...», fing Jana an, «I thought that you and Maike ...»

«What? Wait ... WHAT?», fragte Jake.

«I thought you liked Maike more than me.»

«Jana», sagte Jake und zog sie an sich. «Maike is nice, but *you* are my girlfriend. I would never even think about Maike like that.»

Jana fühlte, wie ihr Herz vor Glück einen kleinen Sprung machte.

«And I only like you!», flüsterte sie in Jakes verwuschelte Haare und hielt ihren Freund ganz fest. Am liebsten wäre sie einfach immer hier stehen geblieben, genau so, nur mit Jake in ihrem Arm.

«We should go», sagte sie schließlich, «my dad is waiting in front of the school.»

«Your dad drove you here?», fragte Jake überrascht. «Why didn't you wait for the bus? We always take the bus to school!»

«It was an emergency», sagte Jana bestimmt.

Jake lachte. «That's true.»

«Come on», lachte Jana und zog Jake bei der Hand mit sich. «My dad can drive us home. And if you want, you can have dinner at our house. Do you like lasagna?»

«I love lasagna», antwortete Jake froh.

Kapitel Zweiundzwanzig – **Sweet sixteen**

Am nächsten Nachmittag war Jana in bester Stimmung. Alles war einfach perfekt. Sie wurde 16, Maike war da, gleich kamen Jake und Katie zum Kuchenessen – und alle waren wieder versöhnt. Einen besseren Geburtstag konnte sich Jana nicht vorstellen. Außerdem spürte sie schon das Kribbeln im Bauch, mit dem sich vor jedem Auftritt das Lampenfieber ankündigte. Heute Abend war es so weit! In ihrer Superlaune, das stellte Jana überrascht fest, freute sie sich sogar auf das große Konzert am Abend. Sie summte leise ihr Lied und machte ein paar Tanzschritte, während sie die große Tortenplatte auf den Wohnzimmertisch stellte.

Jake and Katie arrived a few minutes later. Jana heard them whisper with Maike in the hallway. She smiled to herself. She wasn't jealous or angry anymore. She knew that her friends were only talking about her birthday surprise. Jana really couldn't wait to find out what the surprise was. At the dinner last night, both Maike and Jake had not told her a single word even though Jana had asked over and over again. «After all this trouble,» Jake had said, «you can wait one more day.»

«Happy birthday Jana», rief Jake in diesem Moment und betrat, gefolgt von Maike und Katie, das Wohnzimmer. Jana musste lachen. Alle drei trugen lustige kleine Hüte, mit denen sie aussahen, als ob sie zu einem Faschingsfest wollten. In den Händen hatten sie bunte Tröten, die Jana zum letzten Mal vor vielen Jahren auf einem Kindergeburtstag gesehen hatte.

«Herzlichen Glückwunsch und alles, alles Gute!», rief auch Maike, obwohl sie Jana am Morgen schon einmal gratuliert hatte, und pustete in ihre Tröte.

«Happy sweet sixteen!», sagte Katie, stülpte auch Jana einen Hut auf den Kopf und drückte ihr eine besonders große Tröte in die Hand.

«Thank you», sagte Jana und umarmte lachend alle drei. «But – why …?» Sie deutete fragend auf die seltsame Aufmachung ihrer Gäste.

«Those are party hats and noisemakers, of course», sagte Katie und rückte ihren Hut gerade. «They're *so* much fun!»

«Das gehört dazu bei amerikanischen Geburtstagsfeiern, habe ich mir sagen lassen», erklärte Maike grinsend und trötete noch einmal.

«Na, wenn das so ist», sagte Jana grinsend und trötete zurück. «Happy birthday to me!»

«This chocolate cake is *fantastic*,» Katie said. «Did you make it yourself?»

«My mom made it,» Jana explained. «It's an old recipe from my grandma!»

«*Wow!* Real German chocolate cake! That's *so* cool!» Katie said, impressed.

«It's great,» Jake agreed. «Can I have another piece?»

«Ich möchte auch noch eins,» Maike said and held up her plate. «Und ist auch noch etwas von dieser Vanille-Cola da? Und Eiswürfel?»

Jana gave everyone new cake and filled Maike's glass with some more vanilla coke and ice.

«So,» Jake said after he took another bite. «Do you want to open your present?»

«Of course!» Jana answered. She couldn't wait!

Jake nodded at Maike, who left the room and came back with a big box under her arm.

«Das Geschenk war meine Idee,» she said to Jana before she switched back to English. «But it's from all of us.»

«Thank you!» Jana said. She took the box and ripped open the wrapping paper. Inside the box there was …

«Eine Schneehose!» Jana laughed out loud when she saw her present. «Eine türkisfarbene Schneehose!»

«In *deiner* Größe!» Maike smiled.

«It's in your size,» Katie explained because she hadn't understood what Maike had said. «We think it's going to fit you perfectly!»

«And it's in your favorite color,» Jake said. «Do you like it?»

«I do! Thank you, everyone,» Jana said and hugged all her friends again. «This is a great present. I can't wait to go snowboarding with you again!»

«And I'll never have to call you Bigpants again,» Jake smiled and kissed Jana.

Jana fand, dass die türkisfarbene Schneehose, die im Übrigen wie angegossen passte, ein richtig gutes Geschenk war. Nur eine Sache wunderte sie. Die Hose hatte gar nichts mit ihrem großen Auftritt am Abend zu tun! Und eigentlich gab es für diese Art von Geschenk auch nicht viel zu planen und zu besprechen. Eine Hose konnte doch nicht der Grund sein, dass Jake und Maike ständig so geheimnisvoll getan hatten! Vielleicht war das hier gar nicht die Überraschung, die Jake und Maike sich überlegt hatten? Hatten sie möglicherweise noch etwas ganz anderes für sie vorbereitet? Jana beschloss, sich erst mal über ihre neue Schneehose zu freuen und ansonsten einfach abzuwarten. Schließlich stand der aufregendste Teil des Tages ja noch bevor.

«Are you excited about tonight?», fragte Katie, nachdem sie mit dem Kuchenessen fertig waren.

«Yes.» Jana nickte. «I'm very excited! And I think I'm getting a little nervous.»

«Do you remember all the words to your song, and do you remember the dance steps I taught you?», wollte Katie wissen.

«I hope so ...» Jana kribbelte es jetzt schon viel mehr im Magen.

«I think you'll be great!», sagte Jake. «Don't worry!»

«Wann musst du denn im Theater sein?», fragte Maike. «Und wann beginnt das Konzert?»

«In einer halben Stunde muss ich zur Bushaltestelle», antwortete Jana mit einem Blick auf ihre Uhr. «Und ihr könnt dann um sieben mit meinen Eltern im Auto nachkommen.»

Obwohl er kein Wort Deutsch verstand, hatte Jake begriffen, worüber die beiden Mädchen redeten.

«I can come to the theater with you, if you want», sagte er. «You don't have to go alone!»

Jana nickte und lächelte ihren Freund dankbar an.

Chapter Twenty-three –
Bravo, Jana!

Unruhig lief Jana hinter der Bühne auf und ab. Das Theater war brechend voll. Es schien, als wären alle Schüler der Boulder City High School gekommen und als hätten sie dazu noch all ihre Freunde mitgebracht. Janas Beine fühlten sich zittrig an. Ihr Herz schlug laut.

Jetzt waren es nur noch wenige Minuten bis zu ihrem Auftritt. Gleich würde sich entscheiden, ob sie das Zeug hatte, eine Hauptrolle zu spielen – eine Hauptrolle in einem Musical! Emily und Summer, die auch für die Rolle der Julia ausgesucht worden waren, hatten viel Applaus bekommen. Jana musste zugeben, dass Emily eine richtig gute Stimme hatte – und Summer sah einfach super aus, wie ein richtiges Model. Es gab nur eins, das sie, Jana, den beiden anderen Kandidatinnen voraushatte: Weder Emily noch Summer hatten getanzt. Sie hatten einfach nur so dagestanden, während sie ihre Lieder sangen. «Ich darf keinen einzigen Fehler machen! Und meine Choreographie muss perfekt sitzen!», dachte Jana panisch.

«Hey Sweetypants», sagte Jake in diesem Augenblick. Er hatte die ganze Zeit geduldig mit Jana hinter der Bühne gewartet. Jetzt war es allerdings Zeit für ihn, sich einen guten Platz im Publikum zu suchen. «I think I should go!»

«Okay», nickte Jana matt.

«Do you have your lucky charm?», fragte Jake.

Jana hob ihren Arm, an dem wieder das türkisfarbene Armband glitzerte, das Jake ihr vor ihrem letzten großen Auftritt geschenkt hatte. Auch den herzförmigen Anhänger von Maike hatte Jana wieder aus ihrer Schublade gekramt und als zweiten Glücksbringer an ihrer Halskette befestigt.

«You'll be great», versprach Jake, während er sich zum Gehen umwandte. «Good luck!»

«Okay», sagte Jana nur. Ihr Lampenfieber war jetzt so stark, dass sie sich wie betäubt fühlte.

«Thirty seconds, Jana», hörte sie wie von ganz weit weg die Stimme des Regisseurs.

When Jana heard the first few notes of her song, the fog around her mind lifted. She felt concentrated and calm. Her nervousness had gone. Jana grabbed the microphone, took a deep breath and stepped out onto the stage. It was now or never!

Everything went perfectly. Jana remembered all her words, and her voice sounded beautiful and strong. She even thought of all the dance steps Katie had taught her only twenty-four hours before. Jana couldn't believe it. She was singing and dancing in front of the huge audience – and loving it!

During the chorus of her song, Jana tried to take a closer look at all the faces in front of the stage. The spotlights were blinding her – but she could see that the theater was packed. Rows and rows of people were watching her and clapping along to her song. Suddenly, Jana saw something else. Lots of people were holding up signs! And the signs – Jana couldn't believe her eyes – were *for her*! There, in the first row, was Katie. And right behind her, there was Maike! They were both waving big signs in the air.

Jana
U R
fantastic!

Jana
ist die beste
Julia!

Jana ließ ihren Blick weiter über das Publikum wandern. Überall hielten jetzt Leute Plakate für sie in die Höhe. Auf einigen stand das Gleiche wie auf Katies und Maikes Schildern, doch am häufigsten las Jana einen Satz:

Happy Birthday Jana!

Vor lauter Rührung konnte Jana sich kaum noch auf ihren Text konzentrieren. Das war also die große Überraschung, die Jake für sie geplant hatte! Den ganzen Urlaub lang hatte er mit Maike diese Schilder gebastelt und sich überlegt, wie er Jana bei ihrem Auftritt unterstützen konnte! «Ich habe wirklich den allerbesten Freund der Welt», dachte sie glücklich, während sie zur nächsten Strophe ansetzte.

Aber … wo war eigentlich Jake?

Erst bei den letzten Klängen ihres Liedes entdeckte sie ihn. Ganz links am Rand versuchte er, sich durch die Menge nach vorn zu schieben. Er jubelte und klatschte noch begeisterter als all die anderen Zuschauer, die jetzt, zum Ende ihres Liedes, alle applaudierten. Während sie sich verbeugte und in die Menge winkte, erkannte sie, dass auch Jake ein Schild in die Höhe hielt. Doch was stand da? Es sah ganz anders aus als die Plakate der anderen. Jana kniff die Augen zusammen, doch sosehr sie sich auch bemühte, das blendende Scheinwerferlicht machte es ihr unmöglich, auch nur ein einziges Wort zu erkennen.

«Thank you, Jana,» Tom the director said. He had entered the stage with a microphone in his hand. «Jana Fischer – our third and final contestant for the role of Juliet!» Everybody clapped even louder. Jana tried to catch another glimpse of Jake's sign, but the spotlight was still blinding her. «Thank you!» Tom said again – this time in a more serious tone. He waved his hand to show that it was time for her to «wrap it up,» and leave enough time for the next performances. Jana took one last bow and waved to the audience one last time. She had no choice but to leave the stage without finding Jake's sign.

Nachdem Jana ihren Auftritt hinter sich gebracht hatte, war es mit der Aufregung noch längst nicht vorbei. Ob sie Chancen hatte zu gewinnen? Sie hatte sich richtig gut gefühlt, das Publikum hatte geklatscht – aber ob das reichte? Jana war sich jetzt sicherer als je zuvor: Nichts auf der Welt würde sie lieber tun, als die Hauptrolle im Musical zu spielen. Nervös spielte Jana an ihrem Armband herum. Was hatte bloß auf Jakes Plakat gestanden?

Ungeduldig musste sie abwarten, bis auch die Schauspieler, die für die Rolle des Romeo ausgesucht worden waren, ihre Lieder gesungen hatten. Dann zog sich die Jury, die das ganze Konzert mit strengem Blick verfolgt hatte, zu einer Beratung zurück. Und endlich, nach einer Zeit, die Jana wie eine Ewigkeit vorkam, war es so weit. Die Jury hatte ihre Entscheidung gefällt. Die Siegerin und der Sieger wurden verkündet.

The six singers gathered backstage when Tom went onto the stage again.

«Ladies and Gentlemen,» he announced importantly. «Tonight, you have all asked yourselves who is going to play the main roles in this year's drama club production? Who is going to play Romeo? Who is going to play Juliet?» Everyone in the audience clapped. Some people shouted names.

«As the director of the drama club,» Tom continued, «I now have the honor to announce the winners of this year's drama club casting.»

Everybody clapped and cheered again.

Red nicht so viel, Tom, dachte Jana ungeduldig. Ihr Herz

schlug schon wieder wild, und sie konnte gar nicht mehr stillstehen. Sag schon, wer gewonnen hat!

«Ladies and Gentlemen! The roles of Romeo and Juliet will be played by ...» Tom machte eine bedeutungsvolle Pause. Im Saal war es plötzlich mucksmäuschenstill.

«Tyler Jacobs and ...»

Jana schloss die Augen.

«... the best singer *and* dancer we saw on this stage tonight: our birthday girl, our friend from Germany – Jana Fischer!»

Jana fühlte sich wie im Traum, als sie zum zweiten Mal an diesem Abend die Bühne betrat und dort von tosendem Applaus empfangen wurde. Sie nahm Toms Glückwünsche entgegen und winkte ins Publikum. Dann sah sie Jake. Er hatte sich in der Zwischenzeit bis in die erste Reihe vorgekämpft. Er strahlte über das ganze Gesicht. Als er Janas Blick bemerkte, wurde sein Grinsen noch breiter. Er hob das Plakat, das er die ganze Zeit in den Händen gehalten hatte, wieder hoch über seinen Kopf. Und endlich konnte Jana sehen, was Jake für sie geschrieben hatte:

Jana, I ♡ you!

© Lisa Schüler

Stefanie Schulz, Jahrgang 1978, studierte Englisch in Göttingen und den USA, bevor sie 2003 Deutschlehrerin an einer amerikanischen Universität wurde. Dieser Job brachte sie auf die Idee, eine deutsch-englische Geschichte zu erzählen. Gerade hat sie ihre Doktorarbeit über amerikanisches Theater abgeschlossen.

Daniel Quinlan, geboren 1979 in Chicago, studierte Physik und arbeitete als Lehrer, Übersetzer und DJ in den USA und Deutschland. Seine Koautorin lernte er 2000 auf einem deutsch-amerikanischen Austausch kennen. Seit 2005 ist sein Wohnsitz Göttingen, wo er für seine Doktorarbeit Laser baut.

Bereits bei rotfuchs von ihnen erschienen:
«See you – im nächsten Sommer» (21352),
«See you again – mit Herzklopfen» (21378) und
«Crazy days – und viel Theater» (21433).